CONSEJOS DIARIOS PARA CORRER MEJOR

Mantente motivado
y aprende día a día

® *SoyMaratonista.com*, 2013
Calle París con Mucuchíes y Monterrey
Edificio Alcalá, Local 1-4, Las Mercedes
Caracas, Venezuela   **Tel.** +58 212 993 89 71
RIF J-29855572-6

© SoyMaratonista.com (de la edición)
© Editorial Amat, 2014 (www.amateditorial.com)
    Profit Editorial I., S.L. 2014

Coordinación de la edición
Carlos Jiménez

Edición y corrección de textos
Patricia Rodríguez

Diseño gráfico
Aitor Muñoz Espinoza

Impresión
Liberdúplex

ISBN 978-84-9735-753-1
Depósito Legal: B-22.784-2014

Impreso en España / Printed in Spain

www SoyMaratonista.com   @SoyMaratonista   SoyMaratonista

CONSEJOS DIARIOS PARA CORRER MEJOR

Mantente motivado
y aprende día a día

Una publicación de

AGRADECIMIENTO

Queremos expresar nuestro agradecimiento a todos los colaboradores, quienes día tras día enriquecen las páginas de SoyMaratonista.com con contenidos de interés para la comunidad de corredores iberoamericanos y cuyos artículos originales están enlazados en esta publicación a través de un código QR y de una dirección URL. En especial, extendemos nuestra gratitud a las siguientes personas:

Maira Prado, *Blog Metas Sports*
Sandra Suárez, *Nutrición e Hidratación*
Lilia Nuñez, *Pregúntale a tu Médico*
Ricardo Quesada, *Acondicionamiento Físico*
Franca Messina, *Mujeres de Carrera*
Lautaro Tabasco, *Blog Paso a Paso*
Adriana Malavé, *Destinos*
Ana María de Gracia, *Redacción*
Patricia Rodríguez, *Medios Sociales*
Gabriel Quintero, *Kilómetros por la Unión*

También, un agradecimiento a todos nuestros patrocinadores, quienes hacen posible que este trabajo esté en sus manos.

*A todos aquellos
que se colocan sus
zapatillas de correr
para alcanzar sus sueños*

INTRODUCCIÓN

Consejos diarios para correr mejor presenta una recopilación de los mejores consejos publicados en *SoyMaratonista.com*. Contiene consejos técnicos, propuestos por nuestros especialistas en sus artículos, como recomendaciones prácticas aprendidas en casi veinte años de participación en maratones y carreras de calle. Estas píldoras diarias de conocimiento no sólo aportan información útil para correr mejor, sino que proveen la motivación diaria necesaria para mantenerte corriendo y evitar que las obligaciones del día a día te alejen de este estilo de vida.

En su diseño compacto, **Consejos diarios para correr mejor** te acompaña a cualquier parte, permitiendo además que complementes la información con enlaces web que te dirigen a los mejores contenidos de *SoyMaratonista.com*, a través de direcciones URL o de códigos QR.

El código QR al ser escaneado con tu teléfono te conduce a un sitio de internet de destino. Para escanear estos códigos se requiere de un teléfono inteligente (cámara y plan de datos o acceso WiFi) y una aplicación. Si deseas descargar una de estas aplicaciones visita *Tendenciasdigitales.com/qr*

Al final de la publicación encontrarás un índice temático que te ayudará a encontrar los consejos clasificados por categorías, tales como: Entrenamiento, Nutrición e Hidratación, Motivación, etc. Cada consejo tiene un icono que indica la categoría a la que pertenece. Puedes ver la guía de iconos en el marcalibros.

Esperamos que **Consejos diarios para correr mejor** se convierta en uno de tus libros de cabecera y que te acompañe fielmente durante todo el año en el camino para el logro de tus metas.

Carlos Jiménez
Director de *SoyMaratonista.com*

Para más información, visita SoyMaratonista.com

ELIGE AL MENOS UNA RAZÓN PARA CORRER

Cuando comenzamos a
correr o retomamos el ejercicio
es difícil romper la inercia.
Como en todas las actividades
es importante encontrar una
motivación. Al menos
una razón que nos impulse a
salir a correr. Elige la tuya.

+ info http://soymr.info/wSfNzU

EMPIEZA CORRIENDO UN DÍA DE POR MEDIO

Si estás comenzando, debes construir tus condiciones gradualmente, procurando descansar un día de por medio para que tus músculos no corran fatigados.

+ info http://soymr.info/x0C8GY

DESAYUNA ANTES DE SALIR A ENTRENAR

Si no desayunas antes de salir a correr, corres el riesgo de perder masa muscular. Esto hará que engordes más fácilmente porque tu metabolismo basal baja y te expones a lesiones por debilidad muscular.

+ *info* http://soymr.info/xVK46R

Consejos diarios para correr mejor

ELIGE EL CALZADO ADECUADO

Muchas lesiones provienen del uso de un calzado inadecuado, por lo que debes elegir cuidadosamente aquella zapatilla que se ajuste a tu tipo de pisada. Lo ideal es asistir a un especialista o, en su defecto, a una tienda deportiva especializada.

+ info http://soymr.info/zElsVN

CALIENTA ANTES DE CADA SESIÓN

Es imprescindible un buen calentamiento antes de la rutina, es ideal comenzar con un paso suave y aumentarlo progresivamente.

+ info http://soymr.info/zTBrUp

INDIVIDUALIZA TUS ENTRENAMIENTOS

De acuerdo al principio de individualidad, cada persona es única y debes ajustar cualquier plan de entrenamiento o actividad de grupo a esa condición.

+ info http://soymr.info/vZS2hF

HAZTE UN
CHEQUEO
MÉDICO

Correr es una actividad física que requiere gozar de buena salud por lo que es recomendable que acudas a un médico antes de comenzar con un plan de entrenamiento.

+ info http://soymr.info/xOC8GY

CORRE CON UN GRUPO

Una manera de motivarte y comprometerte con el ejercicio es correr con un grupo. Encuentra uno cerca de tu casa o trabajo y disfruta de sus ventajas.

+ info http://soymr.info/xGJci1

BUSCA LA AYUDA DE UN ENTRENADOR

Maximiza tu rendimiento con un entrenamiento personalizado y la asesoría de un entrenador que lo monitoree, con base en tus características personales.

+ info http://soymr.info/Ifos8g

CONSUME LAS BEBIDAS DEPORTIVAS FRÍAS

El vaciamiento gástrico de las bebidas frías y su posterior absorción es más rápido que el de las bebidas a temperatura natural o caliente.

+ info http://soymr.info/zWeumK

PLANIFICA LOS EVENTOS E INSCRÍBETE OPORTUNAMENTE

Revisa el calendario y decide con tiempo los eventos en los que quieres participar para que te inscribas con anticipación y no te quedes fuera.

+ info   http://soymr.info/w0iptu

DEDICA TIEMPO AL ESTIRAMIENTO

Toma el tiempo necesario para estirar y muéstrate dispuesto a sacrificar alguna sesión de trote si eso es necesario para realizar los estiramientos.

+ info http://soymr.info/zmraEP

AGREGA VARIEDAD A TU ENTRENAMIENTO

Incorpora constantemente nuevos elementos a tu entrenamiento y así evitarás aburrirte y estancarte.

+ info http://soymr.info/ziJF0T

SI CORRES DE NOCHE, USA PRENDAS DE COLOR CLARO Y REFLECTIVAS

Es importante que los coches te vean fácilmente en la oscuridad, así que viste colores claros y, mejor aún, utiliza un chaleco reflectivo o alguna prenda que refleje la luz.

+ info http://soymr.info/zB8jHP

LLEVA UN DIARIO CON ANOTACIONES

Si llevas un registro escrito, será divertido ver tus progresos a lo largo del tiempo. Anota tiempos, distancias, intensidad del ejercicio, condiciones climáticas y otros factores del entorno que afectan a tu entrenamiento.

+ info   http://soymr.info/IoRKly

ESCUCHA A TU CUERPO

Recuerda que el progreso se logra con el descanso después de una actividad intensa. Considera el descanso en tu plan de entrenamiento.

+ info http://soymr.info/AoMIl4

MERIENDA ANTES DE CORRER POR LA TARDE

30 o 60 minutos antes, consume 1-2 raciones de carbohidratos con bajo contenido de grasa y fibra (galletas, pan blanco, banana) y 1 ración de proteínas bajas en grasas (leche o yogurt descremado, queso bajo en grasa).

+ info http://soymr.info/wwkI6h

EVITA LAS HORAS DE MAYOR EXPOSICIÓN AL SOL

Una de las maneras para soslayar los efectos del calor es levantarse muy temprano o correr al final de la tarde. En todo caso, utiliza protector solar.

+ info http://soymr.info/xjVl8P

ENTRENA LOS MÚSCULOS CLAVE PARA CORRER

Esto incluye fortalecer los isquiotibiales, gemelos, glúteos, abdominales y espalda. Tampoco olvides los ejercicios de balance.

+ info   http://soymr.info/zTBrUp

FIJA UNA META REALISTA PERO RETADORA

Para fijar una meta para una competición puedes utilizar tiempos de referencia obtenidos en competiciones recientes de 5k, 10k, 21k o 42k.

+ *info* http://soymr.info/y3Py4V

UNTA CON PETROLATO PURO (VASELINA) ## LAS ZONAS DE MAYOR ROCE

Evita que el roce de las prendas de vestir te cause daños en la piel, empleando una solución lubricante para entrenamientos largos y maratones.

+ info http://soymr.info/xYjvur

ADOPTA UN PLAN QUE SE AJUSTE A TU RUTINA

Al colocar tus sesiones de entrenamiento en tu agenda, evitas que la cotidianidad te venza. Utiliza un plan de entrenamiento realista para tu tiempo disponible y entrena en un horario donde no te necesiten los demás.

+ info http://soymr.info/AbQUJP

TRABAJA LA RESISTENCIA

Para mejorar tus tiempos, realiza entrenamientos de baja intensidad, pero lo suficientemente largos para mejorar tu capacidad cardiopulmonar.

+ *info* http://soymr.info/wr8muS

NO ELIMINES LOS CARBOHIDRATOS DE TU DIETA

Si eliminas todos los carbohidratos de la dieta bajarán los
niveles de serotonina, un neuro-
transmisor cerebral que evita
que duermas mal y pases el
día con mal humor. Sólo selecciona los mejores (frutas, granos, cereales integrales).

+ info http://soymr.info/xuM0un

TOMA LAS PREVISIONES PARA UNA BUENA SALIDA EN LA CARRERA

Planifica bien el medio de transporte para el área de salida: transporte público, estacionamientos cerca-nos, cierre de calles, trá-fico esperado, etc.

  http://soymr.info/yMOuRI

PRACTICA EL ENTRENAMIENTO CRUZADO

Agrega a tu plan de entrenamiento deportes como natación o bicicleta, que te permitan entrenar otros grupos musculares, minimizar el impacto y mantener un entrenamiento aeróbico.

+ info http://soymr.info/AC0A9N

ELIGE
TU PASO
DE CARRERA

Determina tu paso objetivo,
tomando en cuenta
aspectos tangibles como:
experiencia, condiciones
actuales y resultados de
competiciones recientes.

+ info http://soymr.info/AAYJlm

NO IMPROVISES EL DÍA DE LA COMPETICIÓN

La mañana antes de la carrera desayuna lo de costumbre y usa prendas de vestir que hayas probado en entrenamientos, para evitar sorpresas.

+ info http://soymr.info/AA5JGT

EMPIEZA A CORRER ALTERNANDO TROTE Y CAMINATA

Si no puedes mantener un trote por 30 minutos, empieza ejercitándote tres días por semana, con tramos que alternen trotes con caminatas como, por ejemplo: caminar 3 minutos y trotar 2 minutos. Repetir 4 veces para un total de 20 minutos.

+ info http://soymr.info/zd0gMK

PRACTICA LAS CONDICIONES DE LA CARRERA

Para cumplir tu meta sigue el principio de la especificidad, entrenando en condiciones similares a las de la competición (clima, ruta, etc.).

+ info http://soymr.info/vZS2hF

NO ESPERES A SENTIR SED PARA HIDRATARTE

Si te deshidratas por encima del 1% no podrás lograr tus objetivos. Planifica la hidratación necesaria y no esperes a sentir sed para hidratarte.

+ info http://soymr.info/ypA8Gi

ELIGE LAS COMPETICIONES QUE ESTÉN BIEN ORGANIZADAS

Evita participar en eventos mal organizados. Revisa que haya seguridad en la vía así como las condiciones de hidratación y soporte médico adecuadas.

+ *info* http://soymr.info/wnKIfH

TEN CUIDADO CON LAS BAJADAS

Correr en bajadas exige contar con buena fuerza muscular en cuádriceps, tríceps sural y glúteo mayor, ya que dichos músculos controlarán la velocidad del descenso de las cuestas.

+ info http://soymr.info/yt20iN

HAY TRES TRABAJOS CLAVE QUE NO PUEDES PERDER

Cuando entrenes para un maratón y dispongas de poco tiempo para correr durante la semana, intenta incluir un *Farlek*, un *Tempo* y un *Largo*.

+ info http://soymr.info/AlAIVB

TU MARATÓN LOCAL SIEMPRE SERÁ LA MEJOR OPCIÓN PARA EMPEZAR

Lo ideal es correr tu primer 42k en tu ciudad, si es que cuenta con una competición local. Dormirás en tu casa, estarás acostumbrado al clima y conocerás la ruta. Además contarás con el apoyo de familiares y amigos.

+ info http://soymr.info/z1f05Y

SI NO CORRES, CAMINA

Una manera natural de empezar a correr es caminando de manera regular. Esto servirá de base para un entrenamiento posterior y te ayudará a ganar el hábito del ejercicio físico.

+ info http://soymr.info/y9iMSm

SACA PROVECHO DE LAS CUESTAS

Aun cuando tu competición sea en una superficie plana, entrenamientos eventuales en subidas incrementarán tu capacidad aeróbica y fuerza muscular.

+ info http://soymr.info/whUPwa

CUIDA TU HIDRATACIÓN Y NUTRICIÓN EL DÍA ANTES DE UN 10K

Toma 10-12 vasos de agua o lo necesario para que tu orina sea transparente, no ingieras bebidas alcohólicas o con cafeína y, en la comida y cena, procura comer pasta con salsa baja en grasa y un zumo de frutas.

+ info http://soymr.info/zB58xa

SELECCIONA AL PACER ADECUADO

Si la carrera ofrece este servicio de marcadores de paso, elige un tiempo realista. Si no estás entrenado para un tiempo determinado, no corras con el pacer. Corre a tu propio ritmo.

 + info http://soymr.info/yKDGgy

DEDICA TIEMPO A ENTRENAR LAS CAPACIDADES FÍSICAS PARA LA CARRERA

Balance, fuerza, potencia, velocidad, agilidad y flexibilidad son las principales capacidades físicas que debes entrenar para un maratón.

+ info   http://soymr.info/xREhOU

SI ENTRENAS PARA 10K, COMPLETA 25 KILÓMETROS POR SEMANA

Un aumento del kilometraje semanal permite mejorar tus condiciones, pero después de cierto punto te expones a lesiones por sobreuso.

+ info http://soymr.info/wfaF08

INTENTA SER PUNTUAL AL LLEGAR A LAS CARRERAS

Procura llegar con la suficiente anticipación para que tengas tiempo de calentar (15 minutos) y colocarte en la línea de salida (15 minutos antes de la partida).

+info http://soymr.info/w0iptu

INVOLUCRA A TUS NIÑOS EN LAS CARRERAS

Cualquier oportunidad es buena para involucrar a nuestros niños en este deporte. Desde llevarlos a las carreras, la búsqueda del material y la propia competición, hasta llevarlos a correr en eventos infantiles.

+ info http://soymr.info/wGrain

USA LA CAMINADORA CON DISCRECIÓN

La caminadora o cinta es una excelente opción para realizar los entrenamientos cuando no puedes correr en la calle o en el parque (clima, horario, etc.), pero evita hacer todos los trabajos en ella.

+ *info* http://soymr.info/y8Sp3h

EVITA HACER UNA SOLA COMIDA AL DÍA

Eso favorece la acumulación de energía debido a que el cuerpo no puede utilizar grandes volúmenes de comida de una sola vez y se ve obligado a almacenar el sobrante en forma de grasa.

+ info http://soymr.info/xuM0un

PROTEGE TUS VÍAS RESPIRATORIAS CUANDO CORRAS EN CLIMA FRÍO

Si la temperatura baja, procura cubrir de algún modo tu boca para disminuir el ingreso de aire frío directo a la garganta. También puedes usar prendas de vestir que tengan cuello alto.

+ info http://soymr.info/AF7QFi

REALIZA UN CALENTAMIENTO ACTIVO ANTES DE CORRER

Este calentamiento está conformado por actividades preparatorias para el esfuerzo que vamos a hacer, por ejemplo, comienza caminando 5 minutos, seguidos de un trote muy suave por otros 5 minutos.

+ info http://soymr.info/yC7HuA

INCREMENTA A UN 10% MÁXIMO EL KILOMETRAJE SEMANAL

Incorpora el volumen en tu entrenamiento de manera paulatina, evitando incrementar el kilometraje semanal en más de un 10%, con respecto a la semana anterior.

+ info http://soymr.info/xP5q1E

DEJA TODO PREPARADO UN DÍA ANTES

Deja lista, la noche antes de la carrera o del entrenamiento, la indumentaria con la que vas a correr y coloca el número dorsal en la franela.

+ info http://soymr.info/yMOuRl

DISFRUTA DEL ENTRENAMIENTO Y DE LAS COMPETICIONES

A menos que seas un profesional, ten en cuenta que correr es un pasatiempo. Se trata de divertirse y de que esta actividad sea un esparcimiento. Mantén el equilibrio entre el entrenamiento, tu familia y el trabajo o estudios.

+ info http://soymr.info/xOC8GY

SI DISPONES DE POCO TIEMPO O ERES PROPENSO A LESIONES, PRUEBA EL «FIRST»

Este plan del Furman Institute of Running plantea correr tres veces por semana (Velocidad, Tempo y Largo), complementando con dos o tres sesiones de entrenamiento cruzado.

+ info http://soymr.info/zVuWy6

USA LOS GELES O BEBIDAS DEPORTIVAS A PARTIR DE LOS 60 MINUTOS

Si desayunas adecuadamente antes del maratón o carrera, puedes comenzar a usar los geles, gomitas o bebidas deportivas a partir de los 60 minutos.

+ info http://soymr.info/xZG7CX

USA ZAPATILLAS Y CALCETINES ADECUADOS

PARA EVITAR LAS AMPOLLAS

Un calzado muy ajustado puede causar ampollas. También el roce por no usar calcetines. Elije un tamaño adecuado para tu calzado (generalmente medio número más), unos calcetines ajustados y vaselina para evitar el roce.

+ info http://soymr.info/y6gBGO

CONOCE TU RITMO CARDÍACO DE REPOSO

Toma tu ritmo cardíaco en reposo (antes de levantarte de la cama) y si está por encima de lo habitual (promedio de lectura de cinco días) es un buen momento para tomar un descanso.

+ info http://soymr.info/wbYlwq

ENCUENTRA UN BUEN PLAN PARA CORRER 10K

Un plan para correr 10 kilómetros debe tener una duración de 8 a 12 semanas, acumulando un kilometraje semanal de 25 a 40 kilómetros, según el nivel del corredor.

+ info http://soymr.info/yLg7zc

EVITA CORRER SOLO POR LA CALLE

Correr por la calle implica sus riesgos. Evita correr solo y, si lo haces, lleva contigo una identificación y datos de contacto en caso de emergencia.

+ info http://soymr.info/zB8jHP

MANTENTE CORRIENDO PARA MEJORAR

Cuando comienzas, el solo hecho de mantenerte corriendo te ayudará a mejorar los tiempos. No incorpores entrenamientos de velocidad hasta que te estanques.

+ info http://soymr.info/wezP09

PLANIFICA TU DESCANSO

Al planificar tu entrenamiento, toma en cuenta qué sesiones exigentes requerirán de un descanso especial como una siesta de al menos 15 minutos o ir a la cama más temprano.

+ info http://soymr.info/zmraEP

SI CORRES EN AYUNAS, CONSUME DURANTE LA SESIÓN

A los 30 minutos de iniciada la actividad debes ingerir alguna fuente de carbohidratos de alto índice glucémico (bebidas deportivas, bocadillo de fruta, uvas pasas, galletas, etc.) más agua.

+ info http://soymr.info/wwkI6h

REVISA EL PRONÓSTICO DEL CLIMA ANTES DE LA CARRERA

Las condiciones ideales para correr son 12°C y 50% de humedad. No importa si corres bajo esas condiciones, lo importante es estar preparado.

+ *info* http://soymr.info/wnKIfH

NO OLVIDES IR AL GIMNASIO

Realiza dos sesiones de gimnasio a la semana que incluyan trabajos con pesas y ejercicios de balance. Busca orientación de un profesional para que te guíe en los ejercicios que debes realizar.

+ *info* http://soymr.info/yLg7zc

MANTÉN LA CONSTANCIA Y TUS CONDICIONES

La constancia es clave porque, de acuerdo al principio de la reversibilidad, las condiciones ganadas se pierden si no mantenemos el entrenamiento.

 + info http://soymr.info/vZS2hF

USA ROPA ADECUADA AL CORRER EN CLIMAS SOLEADOS

Para sesiones muy largas bajo el sol, lleva ropa que te proteja: telas frescas, mangas largas y telas con protección UV.

+ info http://soymr.info/xjVl8P

DATE UNA RECOMPENSA DESPUÉS DE ENTRENAR O COMPETIR

Después de un esfuerzo, llega la hora de premiarnos. Un buen incentivo mantiene la motivación. Elige tu premio favorito, pero evita los excesos.

+ info http://soymr.info/zWpVQx

APROXÍMATE A LA VELOCIDAD CON EL «FARLEK»

Son repeticiones (en calle o césped) de carreras rápidas, medidas por tiempo y no por distancia, seguidas de períodos de recuperación a trote suave.

+ info http://soymr.info/wUwnY5

HIDRÁTATE CON FRECUENCIA DURANTE LAS CARRERAS DE 10K

Toma 2 vasos de agua 15 minutos antes de empezar, comienza la hidratación a los 20-30 minutos de iniciarse la competición, consumiendo agua o bebida energética frecuentemente en pequeñas cantidades. No esperes a sentir sed.

+ info http://soymr.info/zB58xa

NO CONSUMAS RECURSOS DE LA CARRERA SI NO ESTÁS INSCRITO

La organización se prepara para un número determinado de corredores, así que si no te inscribiste no consumas el agua que está reservada para quienes pagaron por su participación. Si no corres, ve y anima al resto.

+info http://soymr.info/w0iptu

DESARROLLA TUS CAPACIDADES FÍSICAS MIENTRAS VES TV

Si tienes las horas contadas para entrenar a la semana, aprovecha el tiempo haciendo estiramientos, flexiones y abdominales mientras ves la TV.

+ info http://soymr.info/ziJFOT

CORRE
SÓLO LO
NECESARIO

No te excedas en el kilometraje semanal. No siempre más, es mejor, y está demostrado que después de cierto punto se gana poco y se arriesga mucho.

+ info 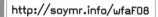 http://soymr.info/wfaF08

CALIENTA ANTES DE LA SALIDA

Las carreras de 5 y 10k suelen ser explosivas. Procura calentar al menos 10 minutos antes de la salida y siempre corre el primer kilómetro ligeramente más suave para coger el ritmo.

+ info http://soymr.info/yMOuRl

PLANTÉATE UN RETO ALCANZABLE

Es importante que tengas retos, pero que éstos sean acordes a tus capacidades y disponibilidad de tiempo para entrenar. Una meta muy alta puede desmotivarte y hasta lesionarte.

+info http://soymr.info/xOC8GY

VARÍA TU ENTRENAMIENTO DE FORMA PLANIFICADA

Cambia la ruta, topografía, distancia y velocidad para que tu cuerpo se mantenga alerta y tu desempeño mejore, siempre respetando los días de descanso.

+ info http://soymr.info/wNPxt0

COME DESPACIO Y MASTICA BIEN LOS ALIMENTOS

Cuando comes y el estómago se distiende, se libera una sustancia que le envía una señal al cerebro indicándole que ya estás lleno. Esta señal tarda 15-20 minutos y si comes muy rápido, habrás comido en exceso.

+ info http://soymr.info/xuM0un

DUERME MÁS PARA CORRER MEJOR

Duerme lo suficiente para evitar que tu sistema inmunológico se deteriore. Si haces una siesta, mejor aún ya que estudios clínicos demuestran que una corta siesta disminuye la fatiga y aumenta la capacidad cognitiva.

+ info http://soymr.info/wQy8OW

ESCUCHA LAS ALARMAS Y PREVENDRÁS LESIONES

El cuerpo envía señales que pasan inadvertidas o que ignoramos por el entusiasmo. Aprende a diferenciar el dolor natural después de un entrenamiento del dolor que precede una lesión (más de 3 días, dolor al tacto, etc.).

+ info http://soymr.info/yNxNAM

ESTUDIA EL PERFIL DE LA CARRERA Y ENTRENA PARA ESO

Conoce previamente la ruta de la carrera donde participarás y establece una estrategia que ajuste el paso en las distintas etapas (bajadas, subidas, planos).

+ info http://soymr.info/AAYJ1m

NO ESTRENES ROPA O CALZADO EN UNA COMPETICIÓN

Lleva para tu maratón o carrera prendas de vestir y zapatillas que hayas probado en entrenamientos para evitar molestias o roces que puedan generarte problemas.

  + info http://soymr.info/AxIuJC

ESCRIBE UNA LISTA DE AFIRMACIONES POSITIVAS ANTES DE LA CARRERA

Esta lista podrás invocarla durante la carrera para alimentar una mente positiva. Entrena tu mente con el lenguaje mental de apoyo para obtener una respuesta positiva por parte de tu cuerpo.

+ info http://soymr.info/wzorHc

RECUPÉRATE BIEN DESPUÉS DE COMPETIR

Evita las competiciones o trabajos de alta intensidad dentro de los días posteriores al evento. Específicamente: una semana después de un 10k, 15 días después de un medio maratón y hasta 30 días después de un maratón.

+ info http://soymr.info/wyaM0r

NO DILUYAS LAS BEBIDAS DEPORTIVAS CON AGUA

Si diluyes las bebidas deportivas con agua, disminuyes la proporción adecuada de carbohidratos y electrolitos necesarios.

+ info   http://soymr.info/zWeumK

SI TIENES AMPOLLAS, EVITA QUE PIERDAN LA PIEL EXTERIOR

Drena el líquido de la ampolla con una jeringa esterilizada, evitando que la piel se rompa. Aplica una pomada antibacterial.

+ info http://soymr.info/y6gBG0

COMPLEMENTA CON EJERCICIOS TU CALENTAMIENTO PREVIO

En la rutina de calentamiento previo antes de empezar a correr agrega unas pocas repeticiones de sentadillas y *zancadas* (8 repeticiones de cada uno) ya que estos ejercicios involucran a la musculatura que necesitarás para correr.

+ info http://soymr.info/yC7HuA

REALIZA ENTRENAMIENTOS CRUZADOS QUE TE DIVIERTAN

A la hora de incorporar otros deportes a tu entrenamiento, selecciona aquellos que más te gustan, para evitar que se pierdan los beneficios que aporta la variedad en el entrenamiento.

+ info http://soymr.info/z9NGKv

LAVA TU ROPA LO MÁS RÁPIDO POSIBLE DESPUÉS DEL EJERCICIO

Cuanto más demores lavar tu ropa, más difícil será evitar que el sudor la estropee y se impregne permanentemente.

+ info http://soymr.info/xpZfzh

VENCE LAS PRINCIPALES EXCUSAS PARA CORRER

Muchos de los factores que te impiden correr son simples excusas y, en otros casos, elementos que tienen solución si manejas más información y eres creativo. No dejes que las excusas te impidan correr.

+ info http://soymr.info/wTxYi3

NO TE CONVIERTAS EN ESCLAVO DEL PASO

Si comienzas la competición y sientes que no puedes mantener el ritmo, no te revientes y baja la marcha.

+ info http://soymr.info/yKDGgy

CÁRGATE DE CARBOHIDRATOS LOS DÍAS ANTES DEL MARATÓN

Esta estrategia nutricional te proveerá de 1.600-2.000 Kcal para ser utilizadas durante la carrera, así como de 1.200-1.500 cc de agua disponibles para el enfriamiento corporal.

+ info http://soymr.info/w9Gx6d

SI CORRES EN UNA CINTA CAMINADORA, USA EL BOTÓN DE EMERGENCIA

Este botón viene con un cordón que permitirá que el equipo se detenga si llegas a tropezar o caer.

+ info http://soymr.info/xn3lq]

DETERMINA TU FRECUENCIA CARDÍACA MÁXIMA

Conocer tu ritmo cardíaco máximo te ayudará a planificar mejor tu entrenamiento. Evita guiarte por fórmulas genéricas que pueden arrojar errores importantes y busca ayuda de un experto para conocer ese máximo.

+ info http://soymr.info/xqKa07

RESPETA LOS DÍAS DE TROTE SUAVE

Evita la tentación de correr rápido los días de trote suave y aprovecha el recuperarte para los días de trabajos más intensos.Esto además permitirá mejorar tu capacidad aeróbica.

+ info http://soymr.info/xqEvgR

REVISA EL PERFIL DE LA RUTA AL ELEGIR UN MARATÓN

Lo ideal para alguien que comienza es identificar un maratón con una ruta rápida y plana, así como para aquellos que buscan una marca específica. 42k son 42k, pero esto facilitará las cosas.

+ info http://soymr.info/wnKIfH

CORRE POR TU CORAZÓN

Estudios clínicos demuestran que realizar alguna actividad física, aunque sea pequeña, es útil para reducir el riesgo de enfermedad coronaria. Algo de actividad física es mejor que nada, y más es mejor.

+ info http://soymr.info/xSspZI

BAJA LA CARGA DE ENTRENAMIENTO AL FINAL DE TU PLAN «TAPER»

En las semanas finales de tu plan (1-3) debes bajar paulatinamente el volumen de entrenamiento antes de la competición, en el llamado *Taper*.

+ info http://soymr.info/y2B40X

DESAYUNA DE FORMA ADECUADA EL DÍA DE TU 10K

1 ½-2 horas antes de la carrera consume: leche o yogurt descremado (½-1 taza), pan blanco (2-3 rebanadas) o galletas (1-2 paquetes). Fruta o mermelada (100 g /15 g), queso blanco bajo en grasa (1-2 lonchas).

+ info   http://soymr.info/zB58xa

APROVECHA EL ATRACTIVO TURÍSTICO CUANDO VIAJES

Si viajas fuera de tu ciudad para correr, lo ideal es identificar destinos con atractivos turísticos que sean valorados por nuestros acompañantes.

+ info http://soymr.info/wnKIfH

UTILIZA LOS ESTIRAMIENTOS DINÁMICOS ANTES DE CADA SESIÓN

Antes de correr realiza ejercicios de estiramientos que permitan preparar tus músculos para el trabajo que viene, evitando así lesiones posteriores.

+ *info*   http://soymr.info/z4mg00

AGREGA INTERVALOS DE VELOCIDAD A TU RUTINA DE ENTRENAMIENTO

Si ya cuentas con un año de experiencia, puedes agregar repeticiones de velocidad a tu entrenamiento.

+ info http://soymr.info/wezP09

UBÍCATE BIEN PARA CORRER CON EL «PACER»

Generalmente los *pacers* o marcadores de paso llevan un grupo a su alrededor que puede entorpecer la carrera. Corre a su lado o incluso ligeramente por detrás.

+ *info* http://soymr.info/yKDGgy

CUIDA TU POSTURA AL CORRER

Mantén la cabeza alineada y mirando al frente, evita pegar la barbilla del pecho. Relaja los músculos de la cara. Los hombros deben caer naturalmente al costado y ligeramente hacia atrás como si intentaras sacar el pecho.

+ info http://soymr.info/zYQlwB

LA VELOCIDAD NO DEBE SUPERAR EL 15-20% SEMANAL

Realiza un máximo de 15% a 20% del entrenamiento semanal total (medido en tiempo o kilometraje), según tu nivel físico (incluye intervalos y carreras). No realices entrenamiento de velocidad en días consecutivos.

+ info http://soymr.info/yLg7zc

EVITA PASAR MUCHAS HORAS SIN COMER

Cuando pasas muchas horas sin comer, lo haces desesperadamente porque es una reacción animal del cuerpo y de supervivencia. En ese momento, es difícil controlar lo que comes y sus cantidades.

+ info http://soymr.info/xuM0un

UBÍCATE EN LA SALIDA
DE ACUERDO AL TIEMPO ESPERADO

Si piensas correr suave, o incluso caminar, no te coloques en la parte delantera. Recuerda que el chip registra tu tiempo neto, y saliendo adelante entorpeces a los que correrán más rápido.

+ info http://soymr.info/w0iptu

ENTRENA LA FUERZA MUSCULAR PARA EVITAR LESIONES

El entrenamiento aeróbico por sí solo no brinda fuerza muscular y las actividades aeróbicas requieren de la fuerza de los músculos para movilizar el cuerpo en el espacio.

+ info http://soymr.info/xCsOuI

USA LAS CUESTAS COMO ALTERNATIVA A LOS INTERVALOS

Para variar puedes hacer repeticiones en subidas. Éstas pueden oscilar entre 30 segundos y 5 minutos a un esfuerzo equivalente al 80% del máximo.

+ info http://soymr.info/whUPwa

MANTÉN A LOS HONGOS LEJOS DE TUS PIES

Seca cuidadosamente tus pies antes de colocar las medias o los zapatos. Hay que poner especial atención al secado entre los dedos para evitar la humedad y con ella la aparición de hongos.

+ info http://soymr.info/y6gBGO

FÍJATE METAS CERCANAS QUE TE DEN MOTIVOS PARA CELEBRAR

Los logros concretos y rápidos nos motivan a seguir corriendo y a mejorar nuestro desempeño. Sé muy consciente de tus logros, ya sean resultados de tiempos o un trabajo bien hecho.

+ info http://soymr.info/z4barf

USA LA MILLA MÁGICA DE GALLOWAY Y PROYECTA TUS TIEMPOS

Con base en tu paso promedio por kilómetro en una distancia de 1.609 metros puedes proyectar el paso para 10k (multiplicando por 1,1), para 21 km (x 1,2) o para 42 km (x 1,3).

 + *info* http://soymr.info/xniAeI

CONSUME LA CANTIDAD ADECUADA DE GELES Y BEBIDAS DEPORTIVAS

Para garantizar un suministro adecuado de carbohidratos y electrolitos mantén la ingesta de bebida deportiva, al menos en 500 cc/hora. Si pesas menos de 60 kg consume 1-1,5 gel (32-48 g) por hora, siempre acompañado de agua.

+ info http://soymr.info/xZG7CX

EVITA QUE TUS ZAPATILLAS SE MOJEN DURANTE LA CARRERA

Un calzado mojado puede ocasionar ampollas. Evita mojarlos cuando te hidrates o al pasar por puntos de refrescamiento.

+ info   http://soymr.info/AxIWJC

APLICA COMPRESSAS FRÍAS PARA RECUPERARTE MEJOR

Después de entrenamientos largos o intensos puedes colocar compresas frías en los músculos durante 10 minutos. Puedes usar bolsas de gel o colocar hielo en bolsas de plástico.

+ info http://soymr.info/xAyEHd

VARÍA LA INCLINACIÓN AL USAR LA CAMINADORA

Cuando entrenes en la cinta caminadora, varía su inclinación para agregar variedad y simular lo más posible las carreras en la calle.

+ info http://soymr.info/xn3lq]

EVITA LAS CAMISETAS QUE TARDAN EN SECARSE Y PESAN AL MOJARSE

A la hora de correr, lo ideal es vestir prendas fabricadas con tejidos que secan rápidamente y telas que no pesan al mojarse. Esto te evitará las molestias producto del mayor roce con la piel.

+ info http://soymr.info/zElsVN

FLEXIBILIZA TU PLAN DE ENTRENAMIENTO

Permite adaptaciones a tu plan de entrenamiento debido a los imprevistos del día a día, pero siempre respetando los consejos básicos del mismo.

+ info 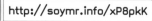 http://soymr.info/xP8pkK

SIENTA LAS BASES PARA EL MARATÓN

Procura estar un año corriendo regularmente antes de comenzar a entrenar para un maratón (42 kilómetros), de forma que cuentes con una base de condiciones.

+ info http://soymr.info/ykHFLf

NO IMPROVISES ALIMENTOS ANTES DE LA CARRERA

No comas o pruebes, al menos 2 días antes de tu competición, alimentos que no conozcas y evita los alimentos crudos. Practica tu alimentación antes del evento.

+ info http://soymr.info/zdDQ2C

SI CORRES EN LA OSCURIDAD, USA UNA LINTERNA

Si corres de noche en lugares oscuros, evita tropiezos utilizando una linterna para iluminar el camino. Hay varios modelos frontales que pesan poco y son prácticos a la hora de correr.

+ info http://soymr.info/zB8jHP

EVITA EL SÍNDROME GENERAL DE ADAPTACIÓN

Para tener un entrenamiento exitoso se deben variar intensidad, duración, frecuencia, volumen y complejidad de los ejercicios. Evita caer en la misma rutina.

+ info http://soymr.info/AcsH52

CORRE 21K
EN <2 HORAS
SI BAJAS 55
MINUTOS EN 10K

Si ya has participado en
carreras de 10 kilómetros con
tiempos iguales o inferiores a
55 minutos, y gozas de buena
salud, puedes intentar correr
21 km en menos de dos horas
con un plan de 12 semanas.

+ info http://soymr.info/xTBSh2

CALIENTA CON UNA DUCHA POR LA MAÑANA

Una ducha de agua tibia
por la mañana, antes de
salir a correr, no sólo te
ayudará a despertar, sino
que además te relajará
y calentará tus músculos.

+ info http://soymr.info/AxIWJC

CORRE
PARA
MEJORAR
TU ÁNIMO

Estudios clínicos demuestran que con sólo 25 minutos de ejercicio físico, el ánimo mejora, el estrés baja y las personas tienen más energía. Correr libera endorfinas, las llamadas hormonas del optimismo.

+ info http://soymr.info/Ad09uE

DIVIÉRTETE CON EL «FARLEK CORRECALLES»

Consta de un calentamiento (10 minutos), seguido de 20 minutos que alternan períodos rápidos con recuperaciones. Los intervalos vienen determinados por las calles: una calle rápida y otra de recuperación.

+ *info* http://soymr.info/whWgUL

EVITA ALGUNOS ALIMENTOS EN TU DESAYUNO ANTES DE CORRER

No consumas alimentos que producen gases como sandía, melón y granos, así como los alimentos con alto contenido de fibra, grasa y grandes cantidades de proteínas.

+ info http://soymr.info/zB58xa

NO ACORTES CAMINOS EN LAS ESQUINAS

Las carreras están medidas por la calle, así que debes evitar montarte en las calzadas o acortar caminos en las esquinas, ya que estarías recorriendo menor distancia y podrías tropezar y caer.

+ info http://soymr.info/w0iptu

EMPLEA LA PLIOMETRÍA PARA MEJORAR TU POTENCIA MUSCULAR

Con base en el principio de especificidad, este tipo de entrenamiento basado en saltos es de gran ayuda para el corredor pero requiere de condiciones como: control postural, flexibilidad, fuerza y resistencia.

+ info http://soymr.info/x8GELd

REALIZA LOS «YASSO» PARA SABER SI TU META ES REALISTA

Realiza diez repeticiones de 800 metros en un tiempo «equivalente» a la meta para el maratón. Si buscas terminar en cuatro horas, completa cada 800 metros en cuatro minutos. Recupera el mismo tiempo entre repetición [4 minutos].

+ info http://soymr.info/Ar1fLi

SI CORRES FUERA DE TU CIUDAD, ELIJE UN HOTEL CERCANO A LA LLEGADA

Ubicar un hotel en las cercanías de la llegada es muy práctico cuando se trata de regresar al hotel para tomar un baño y descansar. Generalmente estos hoteles se llenan rápido así que haz la reserva con tiempo.

+ info http://soymr.info/w3hOYE

DESCANSA AL MENOS UN DÍA A LA SEMANA

Toma por lo menos un día de descanso a la semana. Descanso total, sin gimnasio ni entrenamiento cruzado. También es importante dormir bien para recuperar.

+ info http://soymr.info/xOC8GY

INCORPORA EL TEMPO AL ENTRENAR

El tempo es una carrera fuerte pero controlada y equivale a 15 o 20 segundos por kilómetro más lento que tu paso equivalente en una carrera de 5 kilómetros.

+ info   http://soymr.info/ADVBXs

DISTRIBUYE TUS COMIDAS EN 5 O 6 VECES AL DÍA

Se recomiendan 3 comidas principales y 2 meriendas, lo que favorece el aprovechamiento de los alimentos, mantiene al cuerpo trabajando en la digestión y absorción de los nutrientes y evita la acumulación de energía.

+ info http://soymr.info/xuM0un

SI UN MODELO Y MARCA DE CALZADO TE FUNCIONA, NO INVENTES

Muchas lesiones son ocasionadas por el uso de un calzado inadecuado. Si ya has probado un modelo de zapatillas que te funciona, cómpralas de nuevo y ve a lo seguro.

+ info   http://soymr.info/y8dYTI

EVITA LA PÉRDIDA DE HIERRO EN TU ORGANISMO

Con algunas medidas puedes evitar que este importante mineral se pierda: corre en superficies blandas, evita correr kilómetros innecesarios, minimiza la ingesta de café o té, consume carnes rojas y magras.

+ info http://soymr.info/y7hmpW

CUIDADO AL SUPERAR LOS 80 KILÓMETROS SEMANALES

Estudios clínicos demuestran que un aumento en el kilometraje semanal sí permite aumentar las condiciones, pero que éstas, después de cierto punto, pueden desmejorar y aumentar el riesgo de sufrir lesiones.

+ info http://soymr.info/wfaF08

CUIDA TU EQUIPAMIENTO DESPUÉS DE CORRER

Lava tu reloj, gafas y otros accesorios con agua dulce. Esto ayudará a eliminar la sal corporal y también alargará su duración.

+ info   http://soymr.info/xJdtKn

APRENDE DE TUS ERRORES Y FRACASOS

Si te lesionas o no logras tus objetivos, tómalo como una oportunidad para aprender e incorporar ese conocimiento a tu formación como corredor. No te desanimes y sigue adelante.

+ *info* http://soymr.info/z4barf

PARA TU PRIMER 21K COMPLETA 32 KILÓMETROS POR SEMANA

Si entrenas para tu primer medio maratón (21 kilómetros), completa entre 32 y 48 kilómetros por semana para que vayas bien preparado, sin excederte.

+info http://soymr.info/wfaF08

Consejos diarios para correr mejor

NO MEZCLES LAS BEBIDAS DEPORTIVAS CON GELES

Al mezclar ambos productos aumentas la concentración de carbohidratos y haces que su absorción sea más lenta.

+ info http://soymr.info/zWeumK

USA DOS ALARMAS DESPERTADORAS EL DÍA DE LA CARRERA

Evita quedarte dormido el gran día y usa dos métodos alternativos para despertarte. Aprovecha la alarma de tu teléfono móvil y si estás en un hotel pide una llamada despertador.

+ info http://soymr.info/AxIWJC

PROTEGE LAS RODILLAS FORTALECIENDO TUS MÚSCULOS

Para evitar el dolor anterior de rodilla (disfunción patelo-femoral o rodilla de corredor), fortalece los cuádriceps, abdominales y glúteos. Realiza estiramientos al finalizar la actividad y elige cuidadosamente tu calzado.

+ info http://soymr.info/A5E5Ab

REALIZA INTERVALOS DE TIEMPO

Si no cuentas con una pista medida para realizar trabajos de velocidad (400, 1.000 metros, etc.), realiza intervalos de tiempo en la calle o a campo través.

+ info http://soymr.info/wUwnY5

LAVA TU ROPA DEPORTIVA CON JABONES NEUTROS Y CICLOS CORTOS

Si quieres proteger tu ropa de entrenamiento y alargar su vida útil, lávala con jabones neutros. No es necesario usar suavizantes y utiliza ciclos cortos con agua fría.

+info http://soymr.info/xpZfzh

COLOCA LOS BRAZOS EN LA POSICIÓN ADECUADA

Balancea tus brazos hacia delante y atrás, no hacia los lados. Tus codos deben formar un ángulo de 90° y la brazada debe ir levemente de afuera hacia adentro.

+ info http://soymr.info/zYQlwB

AGREGA MILES EN TU ENTRENAMIENTO DE 10K

Para mejorar tus tiempos en 10k realiza 3-4 repeticiones de mil metros a un paso 30 segundos más rápido que tu paso de 10k, recuperando 5 minutos entre cada repetición.

+info http://soymr.info/w8i2QC

INCLUYE EN TU CENA CARBOHIDRATOS SI ENTRENAS MUY TEMPRANO

Incluye al menos dos raciones de carbohidratos, tales como una de las siguientes: 2 rebanadas de pan integral, 160 g de patatas, 140 g de pasta cocida, 140 g de arroz, 200 g de fruta o 100 g de arepa.

+ info http://soymr.info/wwkI6h

CÁMBIATE LA CAMISETA DESPUÉS DE TU ENTRENAMIENTO

Evita quedarte con ropa húmeda una vez finalizado el entrenamiento porque puedes resfriarte. Ten siempre una prenda a mano para cambiarte después de entrenar y coloca la ropa mojada en una bolsa de plástico.

+ info http://soymr.info/ACTyTl

REALIZA ESTIRAMIENTOS ESTÁTICOS DESPUÉS DE CORRER

Relaja tus músculos y evita que se acorten después del entrenamiento. Realiza por lo menos 3 repeticiones de 30 segundos cada una, manteniendo la posición, sin realizar rebote y hasta llegar al límite de la tensión, pero sin producir dolor.

+ info http://soymr.info/A6WprQ

INCREMENTA TU ENTRENAMIENTO DE MANERA PROGRESIVA

Un incremento súbito del volumen y la intensidad del entrenamiento puede llevarnos a una lesión más temprano que tarde. La carga de entrenamiento debe ser progresiva para que el cuerpo se adapte adecuadamente.

+ info http://soymr.info/vZS2hF

CORTA LAS UÑAS DE TUS PIES CON FRECUENCIA

Al dejar tus uñas largas, te arriesgas a perderlas debido al roce que se genera con el calzado durante la carrera. Además, pueden enterrarse y causarte molestias.

+ info http://soymr.info/xYjvur

APOYA A LOS QUE ESTÁN EMPEZANDO

Los grupos de corredores, como las familias, deben planificar sus actividades tomando en cuenta los distintos niveles de sus participantes, apoyando con especial cuidado a los que comienzan.

+ info http://soymr.info/xG]ci1

REALIZA ENTRENAMIENTO CRUZADO LOS DÍAS DE CARRERAS SUAVES

Si tienes que dejar de correr algún día para hacer entrenamiento cruzado, reemplaza las carreras suaves o sociales.

+ info http://soymr.info/z9NGKv

EVITA INGERIR MUCHAS PROTEÍNAS ANTES DE CORRER

Antes de iniciar el ejercicio no es conveniente ingerir cantidades altas de proteínas, ni incluir aquellas de digestión lenta (carnes, huevos, batidos de proteínas). Si lo haces, puedes sentir pesadez, náuseas y acidez.

+ info http://soymr.info/x2EWXQ

HAZ UNA LISTA DE COSAS PARA EL DÍA DE LA COMPETICIÓN

Es útil preparar una lista de las cosas necesarias para el día de la competición, más aún cuando se viaja fuera de la ciudad. Hasta lo más obvio, como las zapatillas, debe estar contenido en esa lista.

+ *info* http://soymr.info/xMr0ip

APÓYATE EN EL
ENTRENAMIENTO
FUNCIONAL

Estos ejercicios imitan
gestos y movimientos de
nuestro cuerpo al correr,
reeducando nuestros mo-
vimientos para mejorar la
eficiencia neuromuscular y
ayudar a prevenir lesiones.

+ info http://soymr.info/xl3Ng8

CUANDO RETOMAS LA CARRERA CONCÉNTRATE EN EL TIEMPO

Al regresar de un período de inactividad es importante que retomes tus condiciones con ejercicios aeróbicos sin preocuparte por la velocidad a la que corres o la distancia recorrida.

+ info http://soymr.info/wf6fcd

NO TIRES LOS VASOS Y LAS BOTELLAS EN MEDIO DE LA CALLE

Evita lanzar vasos, bolsas y botellas en medio de la calle, debido a que puedes ocasionar una caída. Hidrátate y luego tira el envase a los lados de la calle, mejor aún en recipientes de basura dispuestos para tal fin.

 + info http://soymr.info/w0iptu

EVITA EL TALONEO AL CORRER

La técnica adecuada para el impacto con el suelo consiste en apoyar la parte media del pie. Esta caída permitirá aprovechar el impulso que nos da el rebote contra el suelo.

+ info http://soymr.info/zYQlwB

PROYECTA TU TIEMPO PARA EL MARATÓN CON BASE EN UN CHEQUEO

Si puedes correr 5 kilómetros en 25 minutos o 10 kilómetros en 52 minutos, podrías establecer, como una meta razonable, terminar los 42,195 kilómetros en 4 h 03. Consulta una tabla de proyecciones.

+ info http://soymr.info/y3Py4V

LA HIDRATACIÓN NO TERMINA CON TU 10K

Al finalizar una carrera de 10k, toma un poco más de bebida energética o ingiere alguna fuente de carbohidratos que esté disponible (fruta, galletas, etc.). Toma la cantidad de líquido que sea necesaria para que tu orina sea de nuevo muy clara.

+ info   http://soymr.info/zB58xa

PLANIFICA UN LUGAR DE ENCUENTRO EN LA LLEGADA

Ponte de acuerdo con tus amigos y familiares en un punto de encuentro cercano a la llegada. Siempre considera un plan alternativo en el caso de que no haya acceso al punto acordado.

+ info http://soymr.info/w3hOYE

NO TE PARES EN SECO AL ACABAR LA COMPETICIÓN

Con 2-3 minutos de trote suave y otros 2-3 minutos de caminata lenta ayudamos a que nuestro sistema cardiovascular vuelva a la normalidad al facilitar el retorno venoso.

+ info   http://soymr.info/yxF3zS

DETERMINA EL PASO SUAVE PARA TU ENTRENAMIENTO

El paso suave de un entrenamiento para maratón en menos de 4 horas está por encima del 60% de tu máximo ritmo cardíaco y donde puedas sostener una conversación y sentirte cómodo. Una referencia: 5:45-6:15 minutos/km.

+ *info* http://soymr.info/Abxt4J

COMPRA TU CALZADO DE CORRER AL FINAL DEL DÍA

Al final del día tus pies están algo expandidos, como cuando corres un largo, y es un buen momento para probar unas zapatillas nuevas.

+ info http://soymr.info/y8dYTI

AGRADECE AL «PACER» SU APOYO

Los *pacers* o marcadores de paso realizan un trabajo voluntario y su mejor premio es el agradecimiento de los corredores que lo siguen.

+ info http://soymr.info/yKDGgy

ELIGE QUÉ RUTINAS TE CONVIENE HACER EN UN GRUPO

Aprende a identificar aquellas rutinas que debes hacer solo y cuáles te conviene hacer en grupo. Mejor en grupo: largos y carreras sociales. Trabajos de velocidad conviene hacerlos en grupo sólo si corres con personas de tu mismo nivel.

+ info http://soymr.info/xGJci1

ESTIMA LA CANTIDAD DE LÍQUIDO PERDIDA

Para estimar la pérdida, debes pesarte antes y al terminar la prueba, desnudo y sin zapatos, tomando en cuenta los líquidos ingeridos. Toma 1,5 litros de líquido por cada kg de peso perdido durante la carrera.

+ info http://soymr.info/wPlpDA

PRUEBA CON LAS LIGAS EN LUGAR DE UTILIZAR TRENZAS

Si en más de una ocasión has tenido que detenerte a ajustar las trenzas de tus zapatos, es hora que pruebes con las ligas que usan los triatletas. Son cómodas de usar y te ahorrarán problemas el día de la carrera.

+ info http://soymr.info/y9R9Nk

CONSIGUE UNA MAYOR FRECUENCIA DE ZANCADA SIN DISMINUIR LA AMPLITUD

Esto se puede entrenar mejorando la técnica de carrera con la ayuda de aceleraciones en subidas (nunca más de un 2%) o con ligas que tiren del corredor.

+ info http://soymr.info/A1JsVa

INCORPORA LAS CUESTAS AL COMIENZO DEL PLAN

Haz subidas al comienzo de la temporada, para desarrollar la fuerza muscular que te acompañará el resto del plan de entrenamiento.

+ info http://soymr.info/whUPwa

CALIENTA ANTES DE LA SALIDA DE UNA CARRERA O MARATÓN

Para un maratón, diez minutos pueden ser suficientes. Para carreras más cortas y explosivas como los 5 kilómetros, toma el tiempo suficiente, al menos 20 minutos.

+ info http://soymr.info/AxIWJC

UTILIZA LA CINTA CAMINADORA
PARA MEJORAR LA TÉCNICA DE CARRERA

Corre naturalmente y evita realizar pasos muy largos o cambiar tu mecánica habitual. Si corres frente a un espejo puedes ver tu postura y técnica al correr, incorporando ajustes.

+ info http://soymr.info/xn3lq]

ENTRENA TU PASO OBJETIVO PARA EL MARATÓN

Si entrenas para un maratón (42 kilómetros), practícalo cada dos semanas en distancias entre 15 y 25 kilómetros.

+info

http://soymr.info/wSDcJJ

CUANDO COMAS, CONCÉNTRATE EN EL ACTO DE COMER

Si comes viendo la televisión, hablando por teléfono o haciendo un trabajo en el ordenador, es probable que comas más de la cuenta. Concéntrate en lo que comes.

+ info http://soymr.info/xuM0un

PLANIFICA TU
SEMANA DE
ENTRENAMIENTO

Planifica no solamente tomando en cuenta tus rutinas de entrenamiento, sino también los compromisos laborales y familiares para elegir los mejores días y horas para realizar determinadas rutinas.

+info http://soymr.info/zeljsz

EVITA LOS CALAMBRES FORTALECIENDO TUS MÚSCULOS

Para evitar los calambres debes mejorar tu fuerza y flexibilidad muscular, así como evitar la deshidratación y alteración de electrolitos ingiriendo los alimentos y líquidos suficientes para hacer ejercicio.

+ info http://soymr.info/yVhGqt

VOLUMEN E INTENSIDAD DE ENTRENAMIENTO, UNO A LA VEZ

Incrementar el volumen (más tiempo) y la intensidad (más velocidad) del entrenamiento al mismo tiempo es una fórmula segura para la fatiga y las lesiones.

+ info http://soymr.info/wr8muS

CUANDO VIAJES, BUSCA UN HOTEL CON GIMNASIO

Aunque tengas que viajar, no tienes por qué dejar de entrenar. Elije un hotel con gimnasio donde puedas entrenar o contacta con los grupos de corredores locales.

  + info   http://soymr.info/zPuoHC

BALANCEA EL ENTRENAMIENTO Y EL RESTO DE TU VIDA

Correr genera múltiples beneficios físicos, psicológicos y sociales. Sin embargo, se puede convertir en un problema si se pierde la perspectiva y la dimensión de lo que realmente representa esta actividad en la vida.

+ info http://soymr.info/xrVN3b

NO DEJES DE HACER TUS LARGOS PARA EL MARATÓN

Un maratonista debe correr un mínimo de cinco sesiones que cubran al menos la mitad de la distancia del maratón (21 km), incluyendo algunas de ellas cercanas a 2/3 de la distancia (32 kilómetros).

+ info http://soymr.info/AdETwA

TOMA BEBIDAS DEPORTIVAS AL HACER EJERCICIOS MUY INTENSOS

Aunque la duración del ejercicio sea menor de una hora, en sesiones como series de velocidad debes consumir bebidas deportivas. Toma sorbos entre series para facilitar la disponibilidad de glucosa en la sangre.

+ info http://soymr.info/w6K3YK

UTILIZA UN BOLSO PEQUEÑO PARA LLEVAR ARTÍCULOS PERSONALES

Durante los entrenamientos, lleva sólo lo necesario y coloca en un envoltorio plástico aquellos objetos que pueden dañarse con el sudor (controles de alarmas, etc.).

+ *info* http://soymr.info/xJdtKn

EVITA CORRER CON GRIPE PARA QUE TE RECUPERES CON RAPIDEZ

Si no presentas dolores articulares o musculares, malestar general, fiebre u obstrucción nasal es posible correr. Sin embargo, si los síntomas son severos, lo prudente es no entrenar para no comprometer más al sistema inmune.

+ info   http://soymr.info/zISZUw

APRENDE A CORRER SUAVE

El trote ligero o suave es aquél en el que corres por encima del 60% de tu máximo ritmo cardíaco, pero a un paso al que puedas sostener una conversación y sentirte cómodo.

+ info   http://soymr.info/xUDjxy

EVITA EL ZIGZAGUEO EN LA CARRERA

Corre manteniendo un curso contante y evita cambiar repentinamente de curso porque entorpeces a otros corredores que vienen detrás de ti, e incluso puedes ocasionar choques.

+ info http://soymr.info/w0iptu

PRUEBA UN ENTRENADOR VIRTUAL

Con el desarrollo de la tecnología se han vuelto accesibles dispositivos independientes y aplicaciones para teléfonos móviles que apoyan al corredor popular que no cuenta con apoyo de un entrenador.

+ info http://soymr.info/yeUswu

TRABAJA EL «FARLEK» EN EQUIPO

Realiza estas repeticiones de carreras rápidas, seguidas de períodos de recuperación a trote suave, con tus amigos, donde cada uno lidera un intervalo de carrera y, al cumplir ese período, pasa al último puesto.

+ info http://soymr.info/whWgUL

CUIDA TU HIDRATACIÓN EN CLIMAS CALUROSOS

La hidratación es importante para los corredores y en climas calurosos aún más. La hidratación no sólo durante la sesión, sino antes y después.

+ info http://soymr.info/xjVl8P

SI CORRES EN EL EXTERIOR LLEVA MATERIAL DE TU PAÍS

Correr fuera de tu país es una buena manera de relacionarse con personas de otras culturas. Lleva contigo material alusivo a tu país y objetos que puedas regalar o intercambiar, tales como calcos, pines, etc.

+ info http://soymr.info/w3hOYE

SI TIENES UN DOLOR LOCALIZADO, DESCANSA HASTA TRES DÍAS

Si el dolor persiste después de tres días de descanso y de aplicar hielo, acude a un médico fisioterapeuta especializado en deportes.

+ info http://soymr.info/yNxNAM

CORRE LOS ÚLTIMOS KILÓMETROS DE ALGUNOS LARGOS A PASO DE MARATÓN

Una manera de acostumbrarte a ese paso, después de estar fatigado, es realizar los últimos kilómetros de algunos de tus largos al paso objetivo del maratón.

+ info http://soymr.info/wSDcJJ

CARGA TUS MÚSCULOS DE GLUCÓGENO PARA EL 5K

Las carreras de 5k son cortas en comparación a un maratón, pero son intensas y exigen que tus músculos cuenten con el glucógeno necesario. Cuida tu alimentación antes del 5k y consume carbohidratos de fácil digestión.

+ info http://soymr.info/wJoPq9

LLEVA UNA BOLSA DE PLÁSTICO PARA LA ROPA MOJADA

Después de correr, tu ropa está mojada y debes cambiarte para evitar resfriados. No tienes por qué ensuciar tus cosas o aguantar el mal olor. Coloca la ropa mojada en una bolsa de plástico.

+ info http://soymr.info/wDRLvl

SI HACE CALOR, AJUSTA TU ENTRENAMIENTO DE VELOCIDAD

Para corredores con menos experiencia, lo mejor es correr a un paso más lento y, para los experimentados, reducir el número de repeticiones manteniendo el paso, siempre que sea posible.

+ info http://soymr.info/xjVl8P

EJERCÍTATE MÁS PARA COMPENSAR TUS EXCESOS EN LA ALIMENTACIÓN

Es importante comer balanceado y consumir alimentos saludables. Sin embargo, cuando te excedas con las calorías consumidas, deberás entrenar más duro para consumir esas calorías adicionales y mantener tu peso corporal.

+ info http://soymr.info/wXKUs2

UTILIZA UN PORTANÚMERO Y NO DAÑES TUS CAMISETAS

En lugar de fijar tu número dorsal con imperdibles que pueden dañar tu camiseta favorita, utiliza un portanúmeros similar al que utilizan los triatletas.

+ info http://soymr.info/yeUswu

ACELERA LA RECUPERACIÓN CORRIENDO DESPUÉS DE EJERCICIOS INTENSOS

Para acelerar la recuperación después de un ejercicio físico intenso, continúa corriendo durante 10-20 minutos a intensidades progresivamente más bajas.

+ info http://soymr.info/x01Pol

CORRE INTERVALOS DE VELOCIDAD SI ESTÁS PREPARADO

Son repeticiones en distancias que oscilan entre 200-1.500 metros a un paso equivalente a nuestro paso de 5k o incluso más rápido. La recuperación suele ser corta o equivalente en tiempo a la duración del intervalo.

+ info http://soymr.info/yemRix

ELIJE LA TALLA ADECUADA DE CALZADO

Cuando compres tus zapatos
de correr, piensa en usar medio número más (en número
americano) del que usas
para tu calzado habitual.
Lo ideal es que los compres
en una tienda especializada
donde puedan medir tu talla.

+ info http://soymr.info/y8dYTI

CORRE POR LA MAÑANA

Si tienes la oportunidad de correr por la mañana no la desperdicies. Temprano en la mañana será más difícil que un imprevisto arruine tu plan de entrenamiento.

+ info   http://soymr.info/AeDTHB

CORRE UN LARGO UNA VEZ POR SEMANA

Esta carrera larga debe ser al menos un 50% más de la distancia que tu carrera habitual de mantenimiento en la semana.

+ info http://soymr.info/yNy78t

PLANIFICA TU HIDRATACIÓN PARA EL MARATÓN

En función de los puntos que te conseguirás durante el recorrido, determina tu plan de hidratación. Generalmente los organizadores indican estos puntos en su sitio de internet o en el instructivo del maratón.

+ info http://soymr.info/ypA8Gi

EVITA UNA GRIPE INCONVENIENTE ANTES DE LA CARRERA

Evita frecuentar sitios muy poblados y lava tus manos con frecuencia para minimizar la probabilidad de contraer una gripe.

+ info http://soymr.info/zISZUw

COMBINA REPETICIONES RÁPIDAS Y LENTAS EN ENTRENAMIENTO DE FUERZA

La velocidad de repetición óptima en el gimnasio depende del objetivo de entrenamiento: aumentar la potencia muscular (repeticiones rápidas) o mejorar la resistencia a la fatiga (repeticiones lentas).

+ info http://soymr.info/zGhqxw

AUMENTA TU ENTRENAMIENTO DE FORMA PROGRESIVA CUANDO REGRESES

Cuando regreses de un período de inactividad, entrena interdiario (un día sí y otro no) mientras te adaptas nuevamente.

+ info http://soymr.info/wf6fcd

CONTACTA CON GRUPOS DE CORREDORES LOCALES CUANDO VIAJES

Éste será un motivo adicional para levantarte temprano y evitar el tedio y los riesgos de correr solo en un lugar desconocido. Por experiencia, la mayoría de los clubes de corredores están encantados de recibir visitantes.

+ info http://soymr.info/yfw0Da

APROVECHA LOS FINES DE SEMANA Y PRUEBA NUEVAS RUTAS

Los fines de semana dispones de más tiempo y puedes aprovecharlo para salir de la rutina y probar nuevas rutas de entrenamiento. Experimenta y comparte las rutas con tus amigos.

+info http://soymr.info/z4A69c

CORRE EL PRIMER KILÓMETRO MÁS LENTO

El primer kilómetro de una carrera lo puedes correr más lento, pero nunca más rápido que el paso promedio que deseas mantener durante la competición.

+ *info* http://soymr.info/ww7lKL

ESCOGE RUTAS DE CALLE DONDE PUEDAS COMPRAR BEBIDAS

Si usas las botellitas del cinturón, evita tomar el contenido cuando está caliente. Muchas veces es mejor detenerse a comprar algo frío de tomar, para lo cual debes planificar la ruta y los puntos de venta.

+ info http://soymr.info/yrEDEN

SOLAPA ACTIVIDADES Y APROVECHA EL TIEMPO

Si tienes la oportunidad de ir corriendo a tu trabajo, hazlo. En lugar de estar en el tráfico te ejercitarás en un período de tiempo ocioso. También puedes ver la TV mientras corres en una cinta caminadora.

+ info http://soymr.info/AeDTHB

EVITA UNA FRACTURA POR ESTRÉS CON FLEXIBILIDAD, FUERZA Y ESTABILIDAD

Adicionalmente a estas capacidades, es muy importante que le hagas caso al dolor y visites a un especialista cuando el dolor persista más de tres días.

+ info http://soymr.info/wyTd0z

RESPETA LOS TIEMPOS DE RECUPERACIÓN DE LOS INTERVALOS

Los tiempos de recuperación entre cada repetición en los trabajos de velocidad obedecen a una estrategia. Si se te hace muy pesado comenzar una nueva serie, consulta con tu entrenador para realizar ajustes.

+ info http://soymr.info/ACTyTl

DESPUÉS DE CORRER EN TIERRA, LIMPIA TUS ZAPATILLAS CON UN CEPILLO

Mantén a mano un cepillo pequeño que te permita remover la tierra de tus zapatillas.

+ *info* http://soymr.info/xJdtKn

UTILIZA LA MÚSICA CON PRECAUCIÓN

Si la música te ayuda a correr, adelante, pero por tu seguridad, coloca el volumen bajo de forma que puedas escuchar si alguien te habla.

+ info http://soymr.info/zB8jHP

AL ENTRENAR PARA UN 42K DEBES TENER UNA BASE

Antes de comenzar un entrenamiento formal para tu maratón (16 semanas aproximadamente) procura tener una base de 4 a 8 semanas de entrenamiento.

+ info http://soymr.info/yThbSr

REFUERZA TU HIDRATACIÓN EN CLIMAS CALUROSOS

Durante ejercicios de duración menor a una hora pero en climas muy cálidos, debes consumir bebidas deportivas a partir de los 30-40 minutos, para reponer principalmente electrolitos.

+ info   http://soymr.info/w6K3YK

PLANIFICA TU ENTRENAMIENTO CON BASE EN EL CALENDARIO DE CARRERAS

Revisa el calendario de eventos y selecciona aquellas carreras que coincidan con tu ciclo de entrenamiento, eligiendo eventos objetivos y chequeos.

+ info http://soymr.info/y6Ee0F

DESARROLLA TU SECCIÓN MEDIA DEL CUERPO (CORE) CON EL TRX

El entrenamiento en suspensión permite realizar acciones musculares en cadena integrando más de una articulación a la vez y mejorando así fuerza, estabilidad y balance.

+ info http://soymr.info/yBBLa0

DESPIERTA
TUS
MÚSCULOS

3-4 días antes de tus 5k,
incorpora 5-6 aceleracio-
nes de 100 metros cada
una a un paso progresivo
y recuperando la misma
distancia entre cada serie.

 + info http://soymr.info/x2hKPC

TOMA EL REFRIGERIO ADECUADO

Toma el refrigerio que la organización dispuso para cada corredor y no exageres tomando de más, porque eso implica que otro corredor podría quedarse sin refrigerio.

+ info http://soymr.info/w0iptu

SI DISPONES DE POCO TIEMPO, CORRE POCO, PERO CORRE

Muchas veces por tener exceso de trabajo y al ver que nos es difícil dedicar una hora para entrenar, simplemente no corremos. No dejes que tus ocupaciones te alejen de lo que te gusta; corre aunque sea un poco y verás cómo te sientes mejor.

+ info http://soymr.info/AeDTHB

REALIZA DOS RUTINAS CLAVE PARA LA SEMANA DEL 10K

El martes haz 8-10 repeticiones de 300 metros cada una a paso equivalente de 5k, recuperando un minuto entre cada una. El sábado trota suave 6-8 km.

+ info `http://soymr.info/woIVxJ`

EVITA LOS ALIMENTOS FLATULENTOS ANTES DE CORRER

Intenta evitar aquellos alimentos que producen gases intestinales, tales como sandía, melón, fibra, granos, brócoli, repollo, coliflor o salvado de trigo.

+ info http://soymr.info/xBHE2u

EVITA VIAJAR UN DÍA ANTES DEL MARATÓN

Cuando corres fuera de tu ciudad evita llegar un día antes para prever cualquier imprevisto del viaje y poder descansar antes de la competición.

+ info http://soymr.info/w3hOYE

REALIZA UN MASAJE SEMANAL PARA RECUPERAR MÁS RÁPIDO

Ir al masajista ayuda a acelerar la recuperación a nivel muscular después de un ejercicio intenso. Programa un masaje semanal con un especialista y verás cómo te ayuda.

+ info http://soymr.info/wOZIQC

COMIENZA LOS TRABAJOS DE VELOCIDAD CON POCOS INTERVALOS

Comienza los trabajos de velocidad con pocos intervalos. Si estás regresando de un período de inactividad, o simplemente comienzas a realizar trabajos de velocidad, reduce el número de intervalos a la mitad.

+ info http://soymr.info/wf6fcd

LLEVA UN CONTROL DE LO RECORRIDO CON TU CALZADO

Las zapatillas tienen una vida útil, medida en unos 800 kilómetros aproximadamente. Cuando estrenes un calzado, anota en tu diario, o en los propios zapatos, la fecha de compra para llevar un control.

+ info http://soymr.info/y8dYTI

RECUPÉRATE
CON UN
AYRAN

El Ayran es una bebida refres-
cante a base de yogurt natural. Por su contenido de sodio
es excelente para reponer
sales después del ejercicio
y al contener yogurt es una
fuente de proteínas que ayuda
a recuperar los músculos.

+ info http://soymr.info/JYcGBr

APROVECHA EL FIN DE SEMANA PARA CORRER EL LARGO

Lo ideal es correr el largo los fines de semana, cuando dispones de más tiempo no sólo para correr sino para estirar posteriormente al entrenamiento.

+ info http://soymr.info/yNy78t

TRABAJA LA FLEXIBILIDAD Y EL BALANCE PARA EL DOLOR LATERAL DE RODILLA

Para eliminar el dolor de la banda iliotibial debes mejorar su flexibilidad, fortalecer el glúteo y los abdominales, realizar ejercicios de equilibrio y aumentar la carga de entrenamiento paulatinamente.

+ info http://soymr.info/Afq1cI

USA UN GPS SI ESTÁ A TU ALCANCE

Usando un GPS que traen los teléfonos móviles inteligentes o los relojes de corredores que los incorporan es posible conocer con bastante exactitud la distancia recorrida, velocidad promedio, etc.

+ info http://soymr.info/yeUswu

COME UNA PASTA CASERA LA NOCHE ANTES DE LA CARRERA

Una cena en casa siempre
será una excelente opción
para relajarte, comer
sano y además consumir
lo necesario para rendir
el día de la carrera.
Prueba con esta receta.

+ info http://soymr.info/Iz029H

BAJA EL KILOMETRAJE SEMANAL A LA CUARTA SEMANA

Después de tres semanas de incrementos en tu kilometraje semanal (nunca por encima del 10% entre semanas), disminúyelo en un 20-25%.

+ *info* http://soymr.info/xP5q1E

GUARDA ROPA USADA QUE PUEDAS USAR EL DÍA DE LA CARRERA

Cuando corras un maratón en climas fríos, lleva contigo ropa usada que te abrigue en la salida, pero que después de calentar puedas desechar. Muchos grandes maratones recaban esta ropa para organizaciones benéficas.

+ info http://soymr.info/wDRLvl

ESCUCHA MÚSICA Y LIBERA ENDORFINAS

La música provoca una importante liberación de endorfinas, consiguiendo una disminución de la frecuencia cardíaca y respiratoria, así como una importante relajación muscular.

+ info http://soymr.info/A4UB1e

ENTÓNATE PARA LA COMPETICIÓN

Hacer una carrera más corta, pero a un nivel tan intenso como el de la competición, puede ser una buena manera de prepararse física y mentalmente para la carrera definitiva. Esto se realiza entre 3 y 5 semanas antes.

+ info `http://soymr.info/wl6ULd`

RECUPERA EL LÍQUIDO PERDIDO DURANTE EL ENTRENAMIENTO

Después de tu entrenamiento, durante el día, debes recuperar el 100% de los líquidos perdidos, de forma que al día siguiente no comiences tu entrenamiento deshidratado.

+info http://soymr.info/zVk7QY

COMPLEMENTA TU EXPERIENCIA CON LECTURAS

Si quieres aprender, debes leer fuentes reconocidas que complementen lo que aprendes con tu entrenador o club de corredores. La misión de *SoyMaratonista.com* es apoyarte en esa tarea.

+ info http://soymr.info/LG9MA8

AUMENTA TU VELOCIDAD CON LAS CARRERAS ASISTIDAS

Es un método de entrenamiento para mejorar la velocidad en los deportes, en el cual una persona que está atada a otra corre por delante, llevándola, tal como cuando niños nos tomaban de la mano para correr.

+info http://soymr.info/xE9giG

APLICA EL SENTIDO COMÚN EN EL ENTRENAMIENTO

A pesar de que el entrenamiento tiene principios que debes conocer y respetar, el sentido común y la lógica son clave para mantenerte sano y obtener los mejores resultados. Conoce más esos principios y apóyate en un entrenador.

+ info http://soymr.info/ISmxD3

Consejos diarios para correr mejor

DONA TUS ZAPATOS USADOS

Tras usar tus zapatillas de correr dónalas ya que pueden ser útiles para alguien que no tiene zapatos. *DonaTusZapatos.org* es una iniciativa de SoyMaratonista pero hay muchas otras. Busca una cerca de ti y ayuda a otros.

 +info http://DonaTusZapatos.org

APLICA LA REGLA DEL FUERTE-SUAVE

Esta regla consiste en alternar sesiones de entrenamientos exigentes con los trotes suaves de recuperación.

+ info http://soymr.info/ww7lKL

INTENTA LLEGAR FRESCO A TUS COMPETICIONES

Evita realizar entrenamientos de velocidad prolongados los días previos a la competición, respetando al menos tres días previos para una carrera de 10k.

+ info http://soymr.info/wVNAVO

COMBATE LA OSTEOPOROSIS CON UNA BUENA ALIMENTACIÓN

Mantente bien hidratado, ingiere lácteos descremados diariamente, suplementa el calcio cuando su ingesta sea insuficiente y evita el consumo excesivo de proteínas, té, cafeína, refrescos de cola, suplementos de vitamina C y sal.

+ info http://soymr.info/yZ7Re2

Consejos diarios para correr mejor

PRACTICA EL TUMULTO DEL MARATÓN EN UNA CARRERA DE CALLE

Si deseas practicar la aglomeración propia de un maratón de los grandes, puedes probar ubicándote en la parte de atrás de una carrera de calle. Esto te obligará a salir lentamente e ir aumentando tu paso gradualmente.

+ info http://soymr.info/xP5q1E

SI ESTÁS LESIONADO, VE AL MÉDICO Y TOMA EL TIEMPO PARA RECUPERARTE

Cuando sientas una molestia que puede ser una lesión por sobreuso, busca la opinión de un especialista y haz lo necesario para recuperarte (incluyendo reposo, terapias, etc.).

+ info http://soymr.info/xAyEHd

ENTRENA PROBANDO EL MÉTODO 3/1

Este entrenamiento plantea que si corres los 2 primeros tercios a un paso más lento, después de 60-90 minutos, las reservas de glucógeno de los músculos de fibra lenta se agotarán y tu cuerpo recurrirá a los músculos de fibra rápida.

+ info http://soymr.info/yt20iN

AL VIAJAR LLEVA TUS ZAPATILLAS EN EL EQUIPAJE DE MANO

Más de un corredor ha llegado a su destino sin su equipaje. No te arriesgues a que tus zapatillas de correr no lleguen contigo y llévalas en el equipaje de mano.

+ info http://soymr.info/w3hOYE

SALUDA A LOS CORREDORES

Cuando entrenes, saluda a los otros corredores que te encuentres durante el recorrido y bríndales ánimo a aquellos que van esforzándose.

+ info http://soymr.info/y2eSrd

INCLUYE UNA SESIÓN DE CAMINATA A LA SEMANA

Una caminata te ayudará a recuperar. Lo ideal es que la realices después de tu trabajo más duro. En muchos de nuestros planes de entrenamiento incluimos la caminata como una recuperación activa.

+ info http://soymr.info/Acyug6

SÉCATE EL SUDOR PARA FACILITAR EL ENFRIAMIENTO CORPORAL

Al secar el sudor de tu cuerpo frecuentemente facilitas el enfriamiento corporal. Esto será más importante en ambientes calurosos o muy húmedos, para lo cual puedes llevar una toalla pequeña.

+ *info* http://soymr.info/yrEDEN

LA SEMANA DEL MARATÓN
VE A DORMIR ANTES DE TU HORA HABITUAL

Es importante llegar a la competición descansado. El sueño permite recuperarse así que intenta dormir un poco más durante la semana antes del maratón. Puedes ir a la cama 30 minutos antes.

+ info http://soymr.info/wQy8OW

SINCERA EL ENTRENAMIENTO CON TU FUERZA Y RESISTENCIA

Es importante que el entrenamiento de velocidad tome en cuenta la fuerza y resistencia de los músculos, principalmente glúteos, isquiotibiales y tríceps sural.

+ info http://soymr.info/yNxNAM

CONOCE LOS TIPOS DE ENTRENAMIENTO DE VELOCIDAD

Hay diversas formas de entrenar la velocidad: *farlek*, tempo, cuestas e intervalos son los más conocidos. Familiarízate con ellos y realiza el que más se ajuste a tus objetivos y condiciones.

 + info http://soymr.info/yemRix

PREPÁRATE
PARA EL FRÍO

Revisa el pronóstico del clima y en relación con las temperaturas esperadas elige la ropa adecuada. Plantea varios escenarios posibles de clima.

+ info http://soymr.info/yq2nT6

RESPIRA LIBREMENTE POR LA NARIZ Y LA BOCA

Es común que al comenzar estemos muy pendientes de cómo respirar, pero ya verás que con el tiempo no respirarás de forma consciente y tu organismo buscará la forma más eficiente para tomar el oxígeno necesario.

+ info http://soymr.info/ydN535

PRACTICA TU PASO DE CARRERA LA SEMANA DEL MARATÓN

Es recomendable correr unos 3 kilómetros a paso de maratón (42 kilómetros), el miércoles antes de la competición si la carrera es el domingo.

+ info http://soymr.info/yqaTp5

COMPLEMENTA CON SAL TUS BEBIDAS CUANDO ENTRENES MÁS DE TRES HORAS

Durante entrenamientos mayores a las 3 horas de duración tu pérdida de sudor puede superar los 3-4 litros y las bebidas deportivas no son suficientes para reponer las sales.

+ info   http://soymr.info/Aw4k5l

TEN A MANO UN PAR DE ZAPATILLAS Y ROPA PARA CORRER

Si utilizas automóvil, lleva contigo unas zapatillas de correr y la ropa que te permita correr cuando se presente la oportunidad. Tu lugar de trabajo o la casa de familiares también son ideales para dejar estos equipamientos.

+ info http://soymr.info/AeDTHB

MIDE TU RITMO CARDÍACO DE FORMA FÁCIL

Al terminar un esfuerzo o antes de comenzar una serie, mide tu ritmo cardíaco colocando tus dedos en el lado izquierdo de tu cuello. Cuenta las pulsaciones en 6 segundos y multiplícalas por 10 para conocer tus pulsaciones por minuto (ppm).

  http://soymr.info/w3eACI

MEJORA TU VELOCIDAD CON SERIES DE 400 METROS

Un entrenamiento clásico son las repeticiones de 400 metros. Realiza 6-8 series a un paso rápido (equivalente a 5k), recuperando 2 minutos entre cada serie. No olvides calentar antes de comenzar.

+ info http://soymr.info/w8i2QC

INVOLÚCRATE CON TU PRÓXIMA CARRERA

Una manera de hacerlo es unirte a su página en las redes sociales para mantenerte informado de las noticias y conocer a otras personas que correrán.

+ info http://soymr.info/zRrCiu

COLOCA EN TU CAMISETA UNA BANDERA AL CORRER EN OTRO PAÍS

Si corres fuera de tu país, compártelo con los espectadores que seguro te animarán. Puedes imprimir los colores de tu bandera o colocar el nombre de tu país en la camiseta.

+ info   http://soymr.info/yvjUmZ

NO BAJES DEMASIADO LA CARGA AL FINAL

Si haces un *taper* muy largo o bajas el volumen drásticamente al final de tu plan de entrenamiento, tu cuerpo puede sentirse muy lento para la competición.

+ info http://soymr.info/y2B40X

EVITA LA HIDRATACIÓN EXCESIVA ANTES DEL MARATÓN

No tomes agua sino hasta 15 minutos antes de la partida del maratón o al menos 2 ½ horas antes para evitar tener que ir al baño.

+ info `http://soymr.info/ypA8Gi`

COMPRA LAS ZAPATILLAS DE CORRER PARA TU TIPO DE PISADA

Está bien que elijas las zapatillas de correr que más te gustan, siempre y cuando éstas se ajusten a tu tipo de pisada. Consulta a un especialista para conocer cuál se ajusta mejor a ti o pide ayuda en una tienda especializada en *running*.

+ info http://soymr.info/xJdtKn

MASAJEA TUS MÚSCULOS CON UN CILINDRO

El cilindro te permite realizar masajes focalizados en esos pequeños nudos que se desarrollan en un músculo cuando se lesiona o está sobrecargado. Además es útil para ejercicios del tronco y los abdominales.

+ info http://soymr.info/wPAbjp

LO PERDIDO,
PERDIDO ESTÁ

Si pierdes un día o dos de entrenamiento, no busques recuperarlo, sigue adelante con tu plan y no acumules esos trabajos. Si pierdes más sesiones, puedes repetir la semana o evaluar con tu entrenador si prosigues con la semana siguiente.

+ info http://soymr.info/yAYuJW

SI TIENES SUEÑO POR LA MAÑANA LEVÁNTATE DE GOLPE SIN PENSAR

Piensa que los beneficios que puedes sentir por media hora más de sueño no son remotamente comparables con toda la vitalidad, energía, relax y alegría que sentirás por ese mismo tiempo de trote.

+info http://soymr.info/zAKtA2

ESCUCHA UN «PODCAST» MIENTRAS CORRES

Nada mejor que correr escuchando un *podcast* sobre consejos para correr mejor. Afíliate a nuestro *podcast* y escúchalo en tu reproductor mp3 mientras corres.

+ info http://soymr.info/wDKCq7

ACOSTÚMBRATE A LAS MILLAS

Si tienes que correr en EE. UU. acostúmbrate a llevar el paso por millas haciendo 10 repeticiones de 1.609 metros (millas) unos 10-15 segundos más rápido que tu paso de maratón y recuperando 400 metros entre serie (ver semana 7).

+info http://soymr.info/AhRTck

DESAYUNA ANTES DE TU MARATÓN (42 KILÓMETROS)

Trata de desayunar 1-1,5 horas antes del maratón y si el maratón empieza tarde, [Boston, New York] realiza una merienda al menos 1 hora antes de arrancar.

+ *info* http://soymr.info/zdDQ2C

SÓLO PARA CHICAS: ELIGE EL SUJETADOR ADECUADO

Elegir un buen sujetador puede evitarte muchos inconvenientes como irritaciones y daños en el tejido mamario. Además, escoger uno inadecuado puede hacer que la carrera se vuelva difícil y poco placentera.

+ info http://soymr.info/A00t0k

EVITA LAS CAÑERAS («SHIN SPLINTS») CON FLEXIBILIDAD EN EL TENDÓN DE AQUILES

Otras medidas para evitar esta lesión en el tibial posterior son los ejercicios de fortalecimiento para los músculos gemelos, utilización del calzado adecuado y evitar el aumento súbito de la carga de entrenamiento.

+ info http://soymr.info/y8R7Qk

APROXÍMATE A LA VELOCIDAD GRADUALMENTE

Si eres nuevo con los trabajos de velocidad, realízalos una semana sí y una semana no.

+ info http://soymr.info/wezP09

EVITA CONSEJOS DE ÚLTIMA HORA

Confía en tu entrenador, quien te conoce y ha trabajado contigo durante todo el ciclo de entrenamiento. Procura no hacer caso a los consejos de última hora que te darán tus amigos, familiares, etc.

+ *info* http://soymr.info/Aflgxz

COMPARTE UNA MERIENDA CON TUS COMPAÑEROS

Los fines de semana, cuando dispones de más tiempo, es un momento propicio para compartir una merienda con tus compañeros después del entrenamiento. Momento ideal para contar anécdotas y hacer planes para la próxima semana.

+ info http://soymr.info/GNnT6X

DESCANSA O HAZ ENTRENAMIENTO CRUZADO DESPUÉS DEL LARGO

Después del largo del fin de semana, toma un día de descanso absoluto o haz entrenamiento cruzado (bicicleta, natación, etc.), a baja intensidad.

+ info http://soymr.info/yNy78t

ENTRENA TU ALIMENTACIÓN E HIDRATACIÓN PARA EL DÍA DE LA CARRERA

La alimentación y la hidratación antes y durante la competición se tienen que ensayar. Prueba las cantidades, la frecuencia y los productos.

+ info http://soymr.info/xi9Eg0

SI VAS LENTO, NO CORRAS POR EL CARRIL RÁPIDO

Cuando corras en una pista debes evitar utilizar el carril rápido si no estás realizando trabajos de velocidad o si hay otros corredores más rápidos que tú.

+ info http://soymr.info/y2eSrd

EVITA SER UN CORREDOR DE FIN DE SEMANA

Si concentras todo tu entrenamiento el sábado y el domingo, aparece un dolor intenso en las piernas que deriva en la sensación de incapacidad de movimiento.

+ info http://soymr.info/ztLHEb

DESPUÉS DE UN MARATÓN, RECUPÉRATE

Después del maratón, puedes descansar la semana siguiente o hacer trotes o caminatas muy suaves. Después, ve incrementando el kilometraje paulatinamente (25% cada semana) hasta llegar al nivel promedio previo a la competición.

+ info   http://soymr.info/wDZ6oQ

PLANIFICA CON TIEMPO EL TRANSPORTE AL ÁREA DE SALIDA

En carreras muy concurridas el transporte público se colapsa y las vías cerradas no ayudan. Planifica con tiempo cómo llegarás al área de salida y movilízate con un grupo de amigos corredores.

+ *info* http://soymr.info/w3hOYE

EVITA REALIZAR ZANCADAS MUY LARGAS

Si realizas zancadas muy largas, estarás obligando a que tus pies caigan con la parte delantera y de esta forma estarás realizando un esfuerzo adicional que terminará por agotarte.

+ info http://soymr.info/ydN535

AGREGA LAS ACELERACIONES A TU RUTINA DE ENTRENAMIENTO

Son carreras de 50 a 100 metros que se realizan generalmente al final de una sesión de carrera social o suave. Una sesión típica comprende de 5 a 10 repeticiones con una recuperación de la misma distancia trotando muy suave.

+ info http://soymr.info/GXAiSJ

CONSUME BEBIDAS DEPORTIVAS DESPUÉS DE LOS LARGOS

Consume bebidas deportivas 15-20 minutos después de tus entrenamientos intensos de larga duración (más de dos horas), para facilitar la recuperación del glucógeno muscular.

+ info http://soymr.info/w6K3YK

EVITA SALIR A CORRER DEMASIADO ABRIGADO

Aunque sientas frío en el momento de comenzar a correr, es probable que cuando empieces y te calientes, quieras quitártelo todo. Evita llevar ropa en exceso y considera llevar ropa vieja para las carreras, que puedas desechar en la salida.

+ info http://soymr.info/AxIWJC

MASAJEA TU PIE CON UNA PELOTA

Después de entrenar estira la fascia plantar masajeándote suavemente con una pelota. También puedes usarla para masajes muy focalizados en glúteos, isquiotibiales, etc.

+ info   http://soymr.info/GLiGJf

INTERVALOS CADA VEZ MÁS LARGOS, CON RECUPERACIÓN MÁS CORTA

En la medida que se acerque la competición, realiza intervalos más largos a paso de carrera, incorporando intervalos de recuperación más cortos. Esto te ayudará a practicar tu paso de carrera.

+ info http://soymr.info/wSDcJJ

COLOCA UN MORRAL EN LA BOLSA PARA EL GUARDARROPAS

En muchos maratones hay servicio de guardarropas que sólo reciben bolsas oficiales. Coloca un morral dentro y al terminar la carrera será más cómodo que lo lleves todo en el mismo. No olvides una bolsa de plástico para la ropa mojada.

+ info http://soymr.info/wDRLvl

UN DÍA AL SALIR DEL TRABAJO VE A CORRER AUNQUE NO ESTÉ PLANIFICADO

Rompe la rutina diaria y aní-
mate a correr un día u hora
que no estén planificados.
Si sales del trabajo o tus
clases y te provoca, cálzate
tus zapatillas y sal a correr.

+ info http://soymr.info/GOHJgg

REALIZA DOS RUTINAS CLAVE EN LA SEMANA DE TU MEDIO MARATÓN

El lunes corre 3 kilómetros a paso de medio maratón (paso por kilómetro esperado para la competición) y el miércoles realiza 2 series de 800 metros a paso de 10k, recuperando con trote suave de 2:30 entre serie.

+ info http://soymr.info/GNo7ob

NO TOMES AGUA DE MÁS

Si te hidratas en exceso no sólo estás ganando un pase seguro a los sanitarios, sino que también te arriesgas a una hiponatremia, en el caso de carreras de largo aliento.

+ info http://soymr.info/GVgHpC

UTILIZA CALENTADORES DE BRAZOS PARA CORRER EN FRÍO MODERADO

En lugar de cargar con suéteres que se convierten en una carga pesada tras calentar, puedes vestir esos protectores de brazos que te mantienen caliente y puedes remover fácilmente cuando no sientas frío.

+ info http://soymr.info/yeUswu

TRABAJA TUS ABDOMINALES Y PREVÉ EL DOLOR LUMBAR

Otras medidas que puedes tomar para prevenir son los estiramientos de columna e isquiotibiales, evitar cargar objetos muy pesados y mantener una buena postura cuando estés sentado.

+ info http://soymr.info/GLwx6R

ENTRENA CON FRECUENCIA A LO LARGO DEL AÑO

Para los que desean mejorar su estado de salud, ejercitarse 30 minutos, 3 o 4 veces a la semana, será suficiente. Para el corredor que busca mejores tiempos, seis días podrían ser necesarios.

+ info http://soymr.info/H2naw1

EVITA EL RIESGO DE MANCHAR TU CARA POR EL SOL

Aunque muchas veces son producto de cambios hormonales o por trastornos hepáticos, también el sol es causa común. Aplícate protector solar antes de salir a correr.

+ info http://soymr.info/xsLPy7

DEJA QUE TUS HIJOS JUEGUEN Y SE DIVIERTAN CON LA CARRERA

Para que un niño se inicie en la carrera, hará falta recurrir a juegos y actividades en las cuales los niños troten o corran en una pista de carrera o un buen campo donde se les pueda corregir la técnica, siempre con supervisión profesional.

+ info http://soymr.info/xYrMHw

VARÍA TUS ENTRENAMIENTOS
DE TEMPO

El tempo es un entrenamiento a un paso de 15 o 20 segundos por kilómetro más lento que el paso de 5k. Puedes hacer una carrera continua o realizar intervalos a paso de tempo.

+info http://soymr.info/GNTkhh

LEE LAS ETIQUETAS DE LOS ALIMENTOS

Algunas de las cosas que debes revisar en las etiquetas de los alimentos son el tamaño de la porción, la tabla nutricional, sus ingredientes y la fecha de caducidad.

+ info http://soymr.info/wCsQke

CUANDO TERMINES UNA CARRERA NO TE DETENGAS

Mantente caminando por unos minutos para ayudar a tu cuerpo a recuperarse y aprovecha además para recuperar el líquido perdido.

+ info http://soymr.info/zVk7QY

DESCANSA SI TU RITMO CARDÍACO EN REPOSO ESTÁ POR ENCIMA DEL PROMEDIO

3 o 5 pulsaciones por encima del promedio por la mañana, antes de ejercitarte, pueden ser un indicativo de que aún no te has recuperado y tu cuerpo necesita más descanso.

+ info http://soymr.info/x9U1Ga

REALIZA UN «FARLEK» DE INTERVALOS 3×2

Después de calentar al menos 10 minutos, realiza 6 intervalos de 3 minutos cada uno, a una velocidad equivalente a una carrera de 10k y con períodos de recuperación aproximados de 2 minutos.

+ info http://soymr.info/whWgUL

LLEVA TUS TIEMPOS EN LOS DORSALES

Una manera práctica de llevar un registro de tus logros en las carreras a lo largo del tiempo es tomar nota de la fecha y el tiempo en la parte posterior del número de participante. Mantenlos ordenados en orden cronológico.

+ info http://soymr.info/GNXHcf

DEFINE UNA RECOMPENSA DESPUÉS DE CUMPLIR UNA META

Elije algo que te guste, una comida, una salida o simplemente dormir. Define un logro cercano como cumplir tu entrenamiento semanal o realizar un largo y prémiate una vez que lo cumplas.

+ info http://soymr.info/zWpVQx

ELIJE UNA RUTA DE ENTRENAMIENTO DONDE PUEDAS HIDRATARTE

Escoge una ruta para tus largos que permita hidratarte adecuadamente y con una frecuencia similar a la carrera. Por ejemplo, un circuito de 3-4 kilómetros donde puedas colocar agua para tomar con cada vuelta.

 + info   http://soymr.info/yrEDEN

CONSUME LAS FRUTAS DE LA TEMPORADA

Las frutas son ricas en líquidos y nos ayudan a reponer sales minerales, además de propiciarnos una perfecta hidratación celular. Ésta es sin duda una buena manera de conseguir que los electrolitos estén en su justa medida.

+ info http://soymr.info/GWzxvv

ELIJE UN CALZADO FLEXIBLE PARA TUS NIÑOS

A la hora de seleccionar el calzado deportivo para tus hijos elije uno que sea flexible para permitir la movilidad del tobillo y del pie, evitando que los músculos se atrofien.

+ *info* http://soymr.info/FPTQKZ

VELOCIDAD DE A POCO, EN LA SEMANA DEL MARATÓN

La semana antes de tu maratón de 42 kilómetros puedes realizar trabajos de velocidad siempre y cuando sean distancias cortas.

+ info http://soymr.info/yqaTp5

PREPÁRATE PARA CAMBIOS REPENTINOS DE CLIMA

Al preparar tu equipaje para correr fuera de tu país o ciudad, agrega diferentes tipos de ropa y ve preparado para posibles cambios repentinos de clima.

  + info http://soymr.info/w3h0YE

CORRE EN DIFERENTES SUPERFICIES

Alterna las diversas superficies para que saques lo mejor de cada una y sobre todo evites la repetición que produce lesiones. Una superficie blanda minimiza el impacto pero requiere mayor esfuerzo.

+ info http://soymr.info/ydN535

MEJORA TU VELOCIDAD CON LOS «MILES»

Si quieres mejorar tu tiempo en los 10k y estás preparado para los trabajos de velocidad, prueba con repeticiones de 1.000 metros. Realiza 3-4 series a un paso rápido (equivalente a carrera de 5k), recuperando un total de 5 minutos entre cada serie.

+ info http://soymr.info/w8i2QC

MANTÉN A MANO UNA BOTELLA E HIDRÁTATE CON FRECUENCIA

Muchas veces no nos hidratamos lo suficiente por no tener agua a mano o porque simplemente nos distraemos con las ocupaciones. Mantén una botella cerca y con eso llevarás un control del líquido consumido.

+ *info* http://soymr.info/yrEDEN

ALTERNA TUS ZAPATILLAS DE CORRER

Procura tener dos pares de zapatillas y rótalas, usando una cada día, para evitar que alguna te haga daño y permitir que su material se expanda después de utilizarlas.

 + info http://soymr.info/x]dtKn

TRABAJA TU ESTABILIDAD MIENTRAS VES LA TELEVISIÓN

Ver la televisión mientras estás sentado en un balón de ejercicios no sólo puede ser divertido sino muy útil para mejorar la estabilidad del núcleo del cuerpo (core) tan necesaria para correr mejor.

+ info http://soymr.info/x0srrf

ENTRENA PRIMERO DISTANCIA Y LUEGO VELOCIDAD

Las grandes ganancias al comienzo provienen de un mayor volumen de entrenamiento. El entrenamiento de velocidad debe realizarse con sumo cuidado y siempre bajo la supervisión de un entrenador.

+ info http://soymr.info/H2naw1

CORRE
POR LA
DERECHA

En la mayoría de nuestros países los coches transitan por la derecha. A menos que vivas en el Reino Unido, Australia o Japón, sigue esta costumbre cuando corras en calles y parques para evitar interferir a otros corredores o caminantes.

+ info http://soymr.info/y2eSrd

NO DEJES DE SOÑAR CON LA GRAN MANZANA

Nueva York es el maratón más famoso del mundo, no sólo por su escenario sino por los más de 2 millones de espectadores que animan su ruta. Si ya has corrido tu maratón local, no dejes de soñar con realizar esta emblemática carrera.

+ info http://soymr.info/IlpvVx

PREVIENE
EL SOBRE-
ENTRENAMIENTO

Entre los síntomas del sobreentrenamiento se encuen-
tra un incremento del ritmo
cardíaco de reposo, dolo-
res musculares, propensión
a contraer gripes e infeccio-
nes, pérdida de la motivación, irritabilidad e insomnio .

 + info http://soymr.info/HnE3Ps

VE AL BAÑO CON TIEMPO POR LA MAÑANA

Levántate al menos 2 horas antes del evento. Procura evacuar por la mañana antes del maratón y, si es necesario, utiliza un supositorio de glicerina para evitar tener que ir al baño durante la carrera.

+ info http://soymr.info/ypA8Gi

TOMA DESCANSOS BREVES EN TU JORNADA DE TRABAJO

Caminar alrededor de 20 minutos, después de varias horas sentado en la oficina o el hogar, podría ayudar a disminuir los niveles de glucosa e insulina después de comer, según investigaciones realizadas.

+ info http://soymr.info/xMOXnI

UTILIZA CINTAS TERAPÉUTICOS PARA TRATAR LESIONES Y LA FATIGA

Debido a un efecto físico, los vendajes mejoran la movilidad, reducen la inflamación y mejoran la estabilidad articular.

+ info http://soymr.info/HqZhwo

ENTRENA TU MENTE TANTO COMO TU CUERPO

Considera aspectos como la definición objetiva de las metas, el control de los nervios en las competiciones, estar preparado para los imprevistos, etc.

+ info http://soymr.info/Ifos8g

CONOCE NUEVOS DESTINOS

Aprovecha para conocer nuevos lugares cuando viajes para correr fuera de tu ciudad, ya sea en otras ciudades de tu país o en el exterior. Busca aquellas carreras de temporada baja y ahorra dinero.

+ info   http://soymr.info/GNm30U

FAMILIARÍZATE CON EL VOCABULARIO DE LOS CORREDORES

Si vas a correr regularmente es importante que entiendas los términos más usados por los corredores. Qué es un largo, un *farlek* o chocar contra la pared. Aprende los más importantes en nuestro glosario.

+ info http://soymr.info/AlAIVB

ENTRENA AL MENOS SEIS MESES PARA UN ULTRAMARATÓN

Entrenar para un ultra maratón requiere de al menos seis meses de preparación si no tienes experiencia en eventos de largo aliento como maratones, triatlones de distancia Ironman o carreras de aventura.

+ info http://soymr.info/Htmy2t

RECUPERA TU GLUCÓGENO MUSCULAR DESPUÉS DEL MARATÓN

A 15 minutos de terminar, consume carbohidratos de alto índice glícémico (uvas pasas, caramelos, galletas, etc.). Repite el procedimiento cada 2-3 horas durante las 6 horas posteriores al maratón.

+ info http://soymr.info/zdDQ2C

CUIDA TU POSTURA EN LA LLEGADA

Si miras el reloj cuando llegues, no sólo no saldrás bien en la foto sino que es probable que tapes tu número dorsal y no sea fácil ubicar tu foto. Levanta los brazos y celebra la llegada.

+ *info*   http://soymr.info/IyFKtd

TOMA MEDIDAS ANTE UNA INFLAMACIÓN

Si tienes algún tejido lesionado, la inflamación será el primer paso para la cicatrización y puedes ayudar protegiendo el área inflamada, colocando compresas frías y elevando la lesión para acelerar el drenaje.

+ info   http://soymr.info/IypF6A

APRENDE A CORRER POR SENSACIÓN

Realiza 3 series de 1.600 metros a paso de 10k con recuperación de 3 minutos. En la primera serie, verifica tus parciales cada 400 metros. En la segunda, hazlo cada 800 metros y en la última repetición verifica tu tiempo sólo al final.

+ info http://soymr.info/Indbzq

MIDE TU
TIEMPO
NETO

Activa tu reloj cronómetro al
pasar por el arco de salida
y no cuando dan la partida
oficial. Lo importante es
conocer tu tiempo neto
desde que cruzaste el arco
de salida hasta la llegada.

+ info http://soymr.info/Ii3x4B

CORRE A FAVOR DE UNA CAUSA

Muchas carreras del calendario nacional e internacional apoyan causas benéficas. Elije la causa que más te motive y apoya a quienes más lo necesitan.

+ info http://soymr.info/y6Ee0F

RECUPÉRATE ACTIVAMENTE DE TUS SERIES DE VELOCIDAD

Investigaciones han demostrado que un período de recuperación activo (trotar suave o caminar) es más efectivo para liberar ácido láctico y prepararte para la próxima repetición, en lugar de mantenerte de pie.

+ info http://soymr.info/IfIjEr

INCLUYE LOS LÁCTEOS EN TU DIETA

Los alimentos pertenecientes a este grupo alimenticio deben estar presentes en la alimentación del corredor porque facilitan el buen funcionamiento de los músculos y previenen el desgaste óseo.

+ info http://soymr.info/GGJpc7

COLOCA TU NOMBRE EN LA PARTE DELANTERA DE TU CAMISETA

En la carrera el ánimo de los espectadores siempre es bienvenido, y si viene personalizado mucho mejor. Coloca tu nombre en tu camiseta de forma que los demás puedan verlo fácilmente y llamarte por él.

+info http://soymr.info/yvjUmZ

FORTALECE TUS PIES PARA EVITAR LESIONES

Camina descalzo por la casa, realiza ejercicios específicos para los pies o incluso corre hasta un kilómetro descalzo.

+ info http://soymr.info/IfG3KQ

REALIZA EJERCICIOS DE TÉCNICA DE CARRERA

La carrera es una sumatoria de saltos, por lo que debes trabajar esos movimientos fraccionados para mejorar tu técnica de carrera.

+ info http://soymr.info/HAItFy

CORRE CON TU MEJOR AMIGO: TU PERRO

Si tienes un perro, involúcralo en algunas de tus carreras, después de comentarlo con su veterinario. Hidrátalo con frecuencia y coloca su placa de identificación.

+ info http://soymr.info/IXeQNF

CONOCE A QUÉ GRUPO PERTENECES

Son diversas las razones para correr. Nuestro estudio del Corredor Iberoamericano identificó seis segmentos de corredores: Endorfinos, Forrest Gump, Socializadores, X-Trainers, Fisiológicos y Recetados.

 + info　http://soymr.info/vZk6xR

CORRE TUS LARGOS A UN PASO SUAVE, PERO NO TAN SUAVE

Corre tus entrenamientos largos de fin de semana entre 60 y hasta 90 segundos más lento que tu paso de carrera por cada kilómetro.

+ info http://soymr.info/yNy78t

COMPENSA CON EJERCICIO TUS EXCESOS ALIMENTARIOS DE DICIEMBRE

La mejor manera de mantener tu peso corporal es gastar, a través del ejercicio, la misma cantidad de energía que la que consumes con los alimentos.

+ info http://soymr.info/Is9xt7

COLOCA TU NÚMERO DORSAL Y EVITA OLVIDOS

El día antes de la competición coloca tu número de participante, ya sea en la camiseta que vestirás o en un portanúmero. Evita olvidos el día de la competición.

+info http://soymr.info/wDRLvl

CONOCE LOS EJERCICIOS HIPOPRESIVOS PARA EL SUELO PÉLVICO Y ABDOMINALES

Esta técnica se apoya en el fortalecimiento de la musculatura con ciertas técnicas respiratorias y determinadas claves posturales.

+ info http://soymr.info/IjVPsh

INCLUYE YOGURT EN TU DIETA HABITUAL

Las proteínas del yogurt están a la par con las del huevo, carne, pollo o pescado con un nivel muy bajo de grasa y colesterol, en sus versiones descremadas y semidescremadas, y con un aporte adicional de calcio, magnesio y potasio.

+ info http://soymr.info/w5ia54

NO ESCUPAS AL LADO DE TUS COMPAÑEROS

Si al correr se incrementa
la segregación nasal por el
frío o procesos alérgicos,
lleva un pañuelo contigo.

+ info http://soymr.info/y2eSrd

RECARGA EL ÁNIMO Y LA MOTIVACIÓN AL FINAL DE LA TEMPORADA

Tras un año de esfuerzos, aprovecha para realizar otros deportes y compartirlos con tus amigos, sin dejar de mantenerte activo.

 + info http://soymr.info/JQiJ9h

VISUALIZA LA RUTA DE LA CARRERA

Antes de una competición visualízate corriendo en la ruta y, sobre todo, llegando a la meta. Si no conoces la ruta, busca fotos o vídeos en internet.

+ info http://soymr.info/z4A69c

HIDRÁTATE DE FORMA PERMANENTE

Al correr tus largos hidrátate cada 15-20 minutos en pequeñas cantidades, en lugar de tomar grandes cantidades de agua de una sola vez.

+ *info* http://soymr.info/yrEDEN

CUIDA EL MEDIO AMBIENTE

Prefiere las botellas de agua reutilizables para hidratarte, organiza junto a otros corredores un plan de reforestación y limpieza de tu ruta de entrenamiento, dona tus zapatillas usadas en buen estado, entre otras medidas.

+ info http://soymr.info/IJZ5JR

MEJORA EL SÍNDROME PREMENSTRUAL CON EJERCICIOS

Estos ejercicios deben ser de larga duración (mínimo 30 minutos) y moderada intensidad, como correr, caminar rápido, nadar y rodar bicicleta. Deben ser realizados por lo menos 3-4 veces por semana.

+ info http://soymr.info/Ippm1I

PRACTICA TU PASO DE CARRERA DE 10K

Para acostumbrarte a tu paso de carrera en 10k puedes realizar tres series de 2.000 metros (paso de 10k), recuperando con cuatro minutos de trote suave. Recuerda calentar antes de comenzar.

+ *info* http://soymr.info/wVNAVO

ADQUIERE EL EQUIPO ADECUADO

Correr es un deporte que exige poca inversión, unas buenas zapatillas de correr y la ropa técnica necesaria. Asegúrate de que cuentas con el equipamiento necesario para una práctica segura.

+ info http://soymr.info/KgLlKv

PRACTICA TÉCNICAS DE AUTOMEDITACIÓN

La automeditación o autocontrol te ayudará a comprender los cambios que se van a ir generando cuando empiezas a correr y te ayudará a no abandonar el ejercicio.

+ info http://soymr.info/zUsbTv

REALIZA ESTAS DOS SESIONES LA SEMANA DEL 5K

El lunes realiza 2 repeticiones de 800 metros a paso de 5k, recuperando 2:30 entre serie. Termina con 800 metros a un paso más rápido que 5k. El miércoles haz 3-4 series de 400 metros a paso de 5k, recuperando 2 minutos entre serie.

+ info http://soymr.info/GNo7ob

OBTÉN UN 50-60% DE TU ENERGÍA DE LOS CARBOHIDRATOS

Dale mayor importancia a los carbohidratos ricos en fibra o integrales, a los granos y a las frutas. Limita los azúcares simples a un máximo del 10% de tu requerimiento de energía.

+ info   http://soymr.info/IPfdtw

REGÁLALE A UN CORREDOR COSAS DE CORREDOR

Correr forma parte de la vida de los corredores, así que a la hora de regalar en un cumpleaños o por Navidad, un artículo relacionado como una gorra, un reloj o un libro sobre este deporte siempre será bien recibido.

+ *info*   http://soymr.info/y2luWF

CONOCE LAS LESIONES MÁS COMUNES Y PREVÉELAS

Si conoces las causas de las lesiones asociadas a las carreras de larga distancia, puedes prevenirlas. Flexibilidad, estiramiento, fuerza muscular y calzado adecuado son algunas de las medidas a tomar.

+ info http://soymr.info/y8R7Qk

AJUSTA TU RUTINA EN LAS FIESTAS DECEMBRINAS

Disfruta de un trote social al menos unas tres o cuatro veces por semana. Comienza más tarde, realiza entrenamientos más cortos, menos intensos, pero no elimines completamente el ejercicio.

+ info http://soymr.info/J9MErI

SÍGUENOS EN LOS MEDIOS SOCIALES

Entérate de las últimas actualizaciones visitando *SoyMaratonista.com* y compártelas con otros corredores a través de nuestros medios sociales.

+ info http://soymr.info/Ih8PMI

CORRE UN DÍA SIN TU RELOJ

Sal a correr tu rutina diaria sin llevar tu reloj. Simplemente corre un recorrido sin importar el tiempo, la velocidad o el paso.

+ info http://soymr.info/GOH]gg

LOGRA TANTO COMO PUEDAS CON EL MÍNIMO ESFUERZO

Hay una creencia de que a mayor cantidad de entrenamiento (volumen x intensidad) es mejor, y eso es cierto hasta cierto límite, a partir del cual el desempeño no mejora, e incluso se puede llegar al sobreentrenamiento.

+ info http://soymr.info/HnE3Ps

CONSUME CHOCOLATE NEGRO

Contiene un amplio número de antioxidantes, los cuales protegen al cuerpo del envejecimiento causado por los radicales libres. Mejora la salud cardiovascular y previene la aparición de enfermedades del corazón o cáncer.

+ info `http://soymr.info/IKP7WE`

NO USES PESAS EN LOS BRAZOS AL CORRER O CAMINAR

Evita caminar con pesas adicionales ya que la carga añadida puede modificar la mecánica del movimiento, produciendo tensiones en los hombros y la nuca.

+info http://soymr.info/Km66QF

ENTRENA TUS CONDICIONES FÍSICAS DE MANERA INTELIGENTE

El acondicionamiento físico en los corredores es muy importante para mejorar la velocidad en la carrera, a través del desarrollo de la fuerza muscular, así como la potencia y la resistencia.

+ info http://soymr.info/ICUg4i

BUSCA AYUDA ESPECIALIZADA
PARA DEJAR DE FUMAR

Si tu barrera es el cigarrillo,
lo primero es buscar ayu-
da especializada que te permita disminuir el consumo
y así correr más y mejor.

+info http://soymr.info/AbQUJP

AJUSTA TU ALIMENTACIÓN SI VIAJAS EN INVIERNO

Consume las verduras en preparaciones calientes que ayudan a mantener la temperatura corporal deseada. Incluye cereales, principalmente los altos en fibra, como los cereales integrales, los granos enteros y las legumbres.

+ info http://soymr.info/Jmtalb

Consejos diarios para correr mejor

PREPÁRATE PARA CORRER BAJO LA LLUVIA

Protege tus pies de las ampollas evitando calcetines gruesos, lleva ropa técnica que pese menos al mojarse y sécate y cámbiate de ropa apenas termines de entrenar son algunas de las recomendaciones para correr bajo la lluvia.

+ info http://soymr.info/Id5YUb

COMPARTE TU MEJOR FOTO CON NOSOTROS

Correr en paisajes espectaculares o compartir un entrenamiento con tus amigos siempre te da la oportunidad de tomar una buena fotografía para la posteridad. Compártela con nosotros en «La Foto de la Semana».

+ *info* http://soymr.info/KhrLhi

Consejos diarios para correr mejor

ÍNDICE
TEMÁTICO

Consejos de
MOTIVACIÓN

Consejos de
EMPEZAR
A CORRER

Consejos de
ENTRENAMIENTO

Consejos de
ENTRENAMIENTO

Consejos de
ENTRENAMIENTO

Consejos de
ENTRENAMIENTO

Consejos de
ACONDICIONAMIENTO
FÍSICO

Consejos de
ACONDICIONAMIENTO
FÍSICO

Consejos de
NUTRICIÓN E
HIDRATACIÓN

Consejos de
**NUTRICIÓN E
HIDRATACIÓN**

C o n s e j o s
PRÁCTICOS

Consejos
PRÁCTICOS

Consejos
PRÁCTICOS

Consejos
PRÁCTICOS